KB128797

나이 든 성인을 위한
난청 길라잡이 ─────

우리가
모르는
난청

이영미
박성일
공 저

학지사

| 머리말 |

난청으로 일상생활 영위와 의사소통에 어려움을 겪는
모든 나이 든 성인에게 실질적인 도움이 되기를

　우리나라가 고령화 사회로 접어들면서, 나이 든 성인과 관련된 의료, 복지, 재활 등에 대한 관심이 높아지고 있다. 청각과 언어재활 분야의 전문가들도 나이 든 난청 성인의 보청기, 듣기, 의사소통, 삶의 질 등에 관심을 가지고 연구를 진행하고 있다. 저자들은 나이 든 난청 노인의 의사소통 능력과 우울에 대한 연구를 시작하면서 나이 든 난청 노인의 보청기와 재활에 관해서 많은 이야기를 나누었다. 그 당시 저자들은 난청 성인과 가족 구성원이 난청에 관한 필수적인 내용을 쉽게 이해할 수 있는 책이 국내외에 매우 부족하다는 점에 공감하면서, 의기투합하여 나이 든 난청 성인에게 도움이 되는 책을 함께 써 보기로 한 것이다.

　난청 성인의 재활을 돕기 위해서는 보청기와 소리 개념뿐만 아니라 난청 성인의 전반적인 삶에 대한 이해도 필요하다. 즉, 청능재활 전문가들은 난청 성인이 어떻게 하면 만족스러운 삶을 살아갈 수 있을지를 이해해야 하는 것이다. 이러한 관점에서 저자들은 책에 어떠한 내용을 담을지를 결정하기 위해 여러 차례 회의를 하고 현장 전문가들에게 조언을 구하였다. 무엇보다 나이 든 난청 성인에게 실질적인 도움이 되기 위한 내용을 담기 위해서 나이 든 성인과의 인터뷰를 실시하여 난청에 대해 궁금하고 필요한 내용이 무엇인지 이야기를 들었다. 이러한 과정을 통해서 이 책의 뼈대를 결정하고, 두 저자의 전문 분야의 내용을 작성하였다.

이 책은 크게 네 부분으로 나뉘는데, 첫째 부분(제1장)에서는 난청의 개념을 쉽게 이해하기 위해서 소리 전달 과정과 난청의 발병 원인을 해부학적 지식과 함께 설명하였다. 둘째 부분(제2~4장)에서는 난청을 진단하는 다양한 청력검사에 대해서 소개하였으며, 청력에 따른 보청기 선택, 보청기 착용 효과 그리고 보청기 착용과 관리에 관한 정보를 제시하였다. 셋째 부분(제5~7장)에서는 나이 든 난청 성인이 보청기에 적응하고 듣기 능력을 향상할 수 있는 의사소통 방법에 대해서 제시하였다. 마지막 넷째 부분(제8장)에서는 난청을 있는 그대로 이해하고 본인의 삶을 만족스럽게 살 수 있는 간단한 팁을 소개하였다.

청능재활 분야에서 공부하고 일하는 것은 매우 의미가 있다. 다양한 보장구의 발전과 정교한 보청기 조절, 개인 맞춤형 청각언어중재는 난청 성인과 그 가족의 삶을 과거보다 더 나은 상태로 변화시켜 준다. 이러한 내용을 담은 이 책을 집필하면서 저자들은 자신의 전문 분야에서 한 단계 더 나아가는 소중한 배움의 경험을 할 수 있었다. 우리가 이러했듯이, 난청 성인과 그 가족도 이 책을 통해 난청과 관련된 필요한 지식을 익힐 수 있기를 바란다.

2021년 3월

이영미, 박성일

| 차례 |

01

난청 이해하기

01
난청 이해하기

"언제부터인지는 잘 모르겠는데, 주변 소리가 잘 안 들린 지 꽤 되었어요."

"텔레비전, 라디오 소리를 크게 해서 듣고 있어요."

"소리를 예전보다 못 들어서 답답해요. 가족들과 친구들도 저랑 얘기하는 것이 답답하대요."

난청(難聽)은 사고나 질병으로 어느 날 갑자기 발생될 수 있다. 일반적으로 나이 든 성인이 경험하는 난청은 오랫동안 서서히 청력이 떨어지다가 어느 시점부터 급격하게 청력이 저하되는 경우가 대부분이다.

노인성 난청은 양측 귀의 평균 청력역치(聽力閾値)가 26dB HL (hearing level) 이상의 감각신경성 난청이면서 양측 귀의 청력 손실이 대칭적인 경우를 말한다. 난청은 관절염 다음으로 나이 든 성인에게서 흔하게 나타나는 만성질환 중의 하나로,

65세 이상 인구의 약 33% 이상이 난청을 경험하고 있는 것으로 알려져 있다(김상훈, 여승근, 2015). 국내 질병건강관리본부의 2020년 발표에 따르면, 65~74세 인구의 약 25~40%, 75세 이상 인구의 약 38~70%에서 난청이 발생하는 것으로 나타났다. 난청 관련 전문가들은 우리나라도 이미 고령 사회로 진입하였기 때문에 노인성 난청 인구가 지속적으로 증가할 것으로 예측하고 있다.

난청을 직접 경험해 보기 전까지는 그로 인한 불편함과 고통을 정확히 알기는 어렵다. 한번 상상을 해 보자! 잘 들리던 귀가 서서히 들리지 않게 된다면, 혹은 어느 순간부터 들리지 않는다면, 어떤 일이 벌어질까? 당장은 가족과 친구들과의 대화가 매우 어려워질 것이다. 물론, 그들이 당신을 위해서 목소리를 높여서 크게 말해 줄 수도 있다. 이러한 시간이 길어지면 상대방이 당신과의 대화에서 느끼는 피로도가 높아져서, 대화 횟수가 점차 줄어들 것이다. 또한 난청이 있는 경우, 본인은 무슨 말을 하는지 못 들었는데 옆에 있는 사람이 깔깔거리면서 웃을 때, 괜히 날 비웃는 것은 아닌가 하고 오해하기도 한다. 이러한 일들이 반복적으로 일어나게 되면, 나도 모르는 사이에 대화에 참여하는 것이 꺼려질 수도 있다. 즉, 귀가 들리지 않으면, 사람들로부터 서서히 멀어지게 된다.

특히 나이 든 성인은 노화로 인해서 다양한 질환과 신체적 기능 저하를 경험하게 된다. 이때, 나이 든 성인이 난청으로 인해 인간관계에서 고립감을 경험하게 되면, 고립감이 우울증으로까지 진행되기도 한다. 실제로 65세 이상의 난청 성인을 대상으로 한 우울 연구(천행태 외, 2005)에서 난청 성인의 우울 점수가 정상 청력 성인에 비해서 높은 것으로 나타났다. 그리고 나이 든 난청 성인의 우울감에 영향을 많이 미치는 요인이 청력인 것으로 나타나서, 청력 손실 정도가 심각할수록 난청 노인의 우울감이 더 높았다(Lee et al., 2020). 국내 고령화연구 패널조사 결과에서도 65세 이상의 난청 성인이 동일한 연령대의 정상 청력 성인에 비해 우울 위험이 약 2.07배 높았다(김희정 외, 2011).

우리가 병에 걸렸을 때, 가장 먼저 하는 행동이 무엇인가? 바로 그 병이 무엇이며, 치료법에는 어떤 것들이 있는지 알아보는 것이다. 난청도 마찬가지라고 할 수 있다. 우리가 난청을 잘 극복하고 즐겁게 생활하기 위해서는 난청에 대해서 알아보는 것이 중요하다. 이 장에서는 난청을 잘 이해하기 위해서 먼저 소리가 어떻게 전달되는지를 살펴보고, 본인의 난청이 어떤 유형이며 어디에 속하는지 알아보자.

1. 소리는 어떻게 전달되는가?

소리는 공기 입자를 통해서 전달된다. 공기 입자들은 세밀
하게 서로 붙어 있다. 여기에 어떤 압력(소리)이 가해지면 그
공기 입자들은 서로 부딪혀 가면서 이동하게 되며, 우리 귀까
지 전달된다(그림 1-1). 소리가 공기 입자를 통해서 전달되기
때문에 진공 상태에서는 소리가 전달되지 않는다. 이러한 이유
로 우주 비행사들은 우주 공간에서 말소리를 통한 의사소통을
하기 어렵기 때문에 서로의 몸을 부딪치면서 의사소통을 한다.

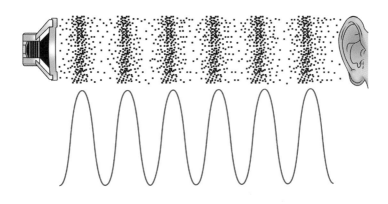

[그림 1-1] 공기 입자를 통한 소리 전달

출처: https://www.mediacollege.com/audio/01/sound-waves.html

알람시계가 울리는 것을 한번 생각해 보자. 알람시계의 진
동으로 발생된 소리가 주위의 공기를 진동시키고, 그 진동이

공기 입자를 통해서 귓속으로 전달되어 고막을 진동시킨다. 그리고 고막의 진동이 달팽이관과 청신경을 거쳐서 대뇌로 전달되면, 우리는 알람소리를 듣게 되는 것이다.

그렇다면 어떤 소리는 크고, 어떤 소리는 작게 들리는 것일까? 당신이 잔잔한 호수에 큰 돌을 던진다고 생각해 보자! 그 돌이 물 표면에 닿는 순간 큰 압력이 가해진다. 바로 당신 근처에서는 물결이 크게 요동치나 멀어질수록 물결이 작아지는 것을 볼 수 있다. 이와 같은 원리로, 당신 바로 앞에서 사람이 이야기하는 말소리는 크게 들리고, 말하는 사람이 당신에게서 멀어지면 말소리가 작아지게 된다. 이러한 원리로 인해서 말하는 사람의 목소리 크기가 똑같더라도, 당신과 거리가 멀어지면 소리가 점점 작아지게 되는 것이다.

2. 난청 유형

난청을 제대로 이해하기 위해서는 사람의 귀에 대해서 먼저 살펴봐야 한다. 사람의 귀는 외이(바깥 귀), 중이(중간 귀), 내이(안쪽 귀)로 나누어진다. 외이(外耳)에는 귓바퀴와 외이도, 중이(中耳)에는 고막과 이소골 그리고 내이(內耳)에는 달팽이관과 청신경이 있다(그림 1-2). 외이와 중이는 주로 소리를 증폭하는 역할을 하며, 내이는 소리를 분석하고 변별하는 역할을

한다. 이러한 이유로, 외이와 중이에 문제가 생기면 소리가 작
게 들리며, 내이에 문제가 생기면 소리가 들리기는 하는데 무
슨 소리인지 분별이 잘 안 된다(Musiek & Baran, 2018).

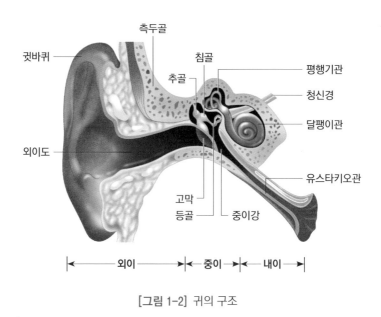

[그림 1-2] 귀의 구조

출처: http://blog.naver.com/PostView.nhn?blogId=pscjw64&logNo=130135067317

난청의 유형은 귀의 어느 곳에서 문제가 생겼느냐에 따라서
결정되며, 전음성 난청, 감각신경성 난청, 혼합성 난청으로 구
분한다. 외이와 중이에 문제가 생겨서 소리가 잘 안 들리는 경
우를 전음성 난청이라 하며, 내이에 문제가 생겨서 소리를 잘
변별하지 못하는 경우를 감각신경성 난청이라고 한다. 그리고
둘 다 문제가 발생한 경우를 혼합성 난청이라고 한다. 지금부

터 난청 유형을 하나씩 살펴보도록 하자.

1) 전음성 난청

전음성 난청은 내이에는 문제가 없고, 외이와 중이에 문제가 생겨서 소리를 잘 듣지 못하는 경우를 말한다. 즉, 소리가 증폭되는 경로에 문제가 발생한 난청이라 할 수 있다.

우리가 고막, 중이의 이소골과 같은 해부학적 지식을 알게 되면, 전음성 난청을 이해하기가 훨씬 쉬워진다(그림 1-3). 고막(鼓膜)은 아주 얇은 세 겹의 막으로 이루어져 있다. 일반적으로 중이염(中耳炎)과 같은 질환으로 고막에 문제가 생길 수 있다. 단순하게 고막이 찢어지거나 뚫리는 것만으로 소리를 못 듣는 것은 아니다.

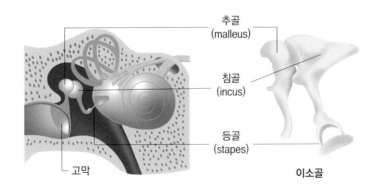

[그림 1-3] 고막과 이소골

출처: (왼쪽) www.anatomyarehouse.com (오른쪽) www.starkey.com

고막 바로 뒤에는 이소골(耳小骨)이라고 하는, 작은 세 개의 뼈(추골, 침골, 등골)가 연결되어 있다. 이 뼈들은 지렛대 역할을 하면서 고막을 통해서 들어오는 소리를 달팽이관에 전달해 준다. 고막이 찢어지게 되면 외부에서 들어오는 소리를 전달하는 힘 자체가 줄어들게 되어, 소리가 달팽이관까지 제대로 전달되지 못하는 것이다.

외이와 중이의 주요한 기능 중의 하나는 소리를 증폭하는 것이다. 소리 증폭에서 가장 큰 기여를 하고 있는 것은 '고막과 등골판의 면적비'이다. 등골판은 이소골에서 달팽이관으로 소리를 전달하는 제2의 고막과 같은 역할을 한다(그림 1-4). 구조적으로 고막의 면적이 이소골의 등골판 면적보다 크기 때문에 소리의 증폭을 강화할 수 있게 된다. 넓은 바다에서 좁은

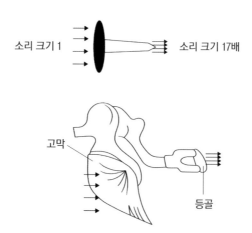

[그림 1-4] 고막과 등골판의 면접비로 인한 소리 증폭

출처: http://www.ssc.education.ed.ac.uk/courses/deaf/aud2a.html

강으로 물이 유입될 때를 생각해 보면 이해가 쉽게 될 것이다. 물이 넓은 곳에서 좁은 곳으로 들어오다 보니, 좁은 강 입구에서는 바다에서보다 물살이 강해진다. 이러한 원리에 따라, 넓은 면적의 고막에서 좁은 면적의 등골판으로 소리가 전달될 때, 소리 에너지가 더욱 증폭되는 것이다.

　전음성 난청과 관련 있는 대표적인 질환으로는 중이염(中耳炎)이 있다(그림 1-5). 코에 분비물이 발생하면 유스타키오관(이관)을 통해서 빠져나가는데, 유스타키오관에 문제가 생기면 분비물 배출이 잘 안 될 수 있다. 이때 중이에 염증이 발생하면서 삼출성 중이염으로 진행될 수 있다. 삼출성 중이염이 심할 경우에는 중이강에 삼출액이나 고름이 차게 되고, 심하면 고막에 구멍이 생기면서 고름이 밖으로 흘러나오기도 한다. 대개 이비인후과에서 진료를 받고 약물치료를 받으면 정상적

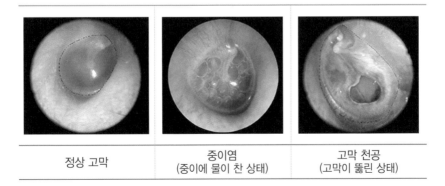

| 정상 고막 | 중이염
(중이에 물이 찬 상태) | 고막 천공
(고막이 뚫린 상태) |

[그림 1-5] 질환에 따른 고막 상태

출처: https://accessmedicine.mhmedical.com/content.aspx?bookid=685&sectionid=45361063

인 상태로 회복되지만, 그 상태가 호전되지 않으면 청력 저하까지 초래될 수 있다.

삼출성 중이염에 걸린 사람들은 동굴 속에 있는 것처럼 말소리가 들린다고 말한다. 정상 청력인 사람은 20dB 정도의 작은 소리를 들을 수 있는데, 중이염에 걸릴 경우에는 일상대화 말소리 크기인 60dB의 소리도 아주 작게 들리게 된다. 전음성 난청의 경우, 내이(달팽이관과 청신경)에는 문제가 없기 때문에 대화 상대자가 크게 말해 주면 알아들을 수는 있다. 전음성 난청은 조기에 발견하여 의학적 치료를 잘 마치면, 정상 청력으로 회복할 가능성이 높다. 그러므로 최대한 빠른 시일 안에 이비인후과 전문의에게 찾아가서 적절한 의학적·약물적 치료를 받는 것이 중요하다.

2) 감각신경성 난청

감각신경성 난청은 달팽이관과 청신경에 이상이 생겨서 청력이 저하되는 경우를 말한다. 감각신경성 난청 성인 중에서 청신경의 손상은 없고 달팽이관의 청세포만 손상된 경우라면, 본인의 청력에 맞추어서 잘 조절된 보청기를 착용하는 것만으로 듣기 능력의 개선이 가능하다. 반면에, 달팽이관의 청세포 손상은 적더라도 청신경이 손상된 경우라면, 청력 손실 정도에 비해서 말소리의 변별이 잘 되지 않을 수 있다.

달팽이관은 피아노와 같은 특징을 지닌다(그림 1-6). 달팽이
관의 바깥 부분인 기저부에서는 높은 음의 소리를 인식하며,
안쪽 부분인 첨단부에서는 낮은 음의 소리를 인식한다. 대개는
나이가 들수록 높은 음역대의 소리를 듣는 것이 어려워지는데,
이는 달팽이관의 바깥 부분의 손상이 안쪽보다 먼저 진행되기
때문이다. 달팽이관의 바깥 부분이 손상되면 고음역대의 말소
리(예, /ㅊ/, /ㅅ/)를 듣고 변별하는 데 어려움이 있기 때문에 고
음역대의 말소리가 포함된 단어를 제대로 알아듣기 힘들다.

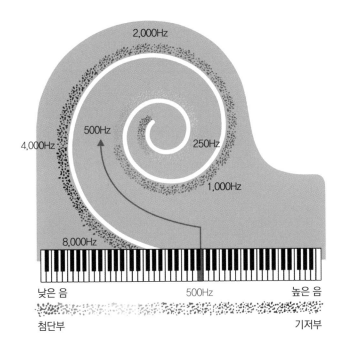

[그림 1-6] 달팽이관의 음역대

출처: https://www.medel.com/kr/complete-cochlear-coverage/

3) 혼합성 난청

혼합성 난청은 전음성 난청과 감각신경성 난청이 모두 있는 경우를 말한다. 일반적으로 나이 든 성인에게 혼합성 난청이 발생되는 경우는 흔하지 않다. 하지만 어렸을 때 외이나 중이의 염증으로 고생한 적이 있는데 제대로 치료를 받지 않고 살아오다가 달팽이관과 청신경에 문제가 생기는 경우 혼합성 난청이 발생되기도 한다. 혼합성 난청은 감각신경성 난청에 비해 말소리를 알아듣는 정도가 양호할 수는 있지만, 의학, 약물, 청각학적 치료를 적절히 받지 않으면 청력이 더 나빠질 수 있다.

💬 Q&A

Q. 귀에서 소리가 나요. 예전에는 작게 들렸는데, 이제는 꽤
크게 들려서 잠을 제대로 잘 수 없을 때도 있어요.

A. 귀에서 불편한 소리가 들리는 증상을 이명(耳鳴)이라고 합
니다. 외부에서는 소리 자극이 없는데도 귀 또는 머릿속
에서 '윙윙', '삐' 등의 다양한 귀울림 소리가 들리는 소리
증상을 말합니다. 이명은 귀를 통해서 외부에서 소리가
들리는 것이 아니고 머릿속에서 나는 소리, 즉 뇌명(腦鳴)
이라고 할 수 있습니다. 이처럼 이명의 주요한 특징은 당
신에게 괴롭게 들리는 소리가 다른 사람들에게는 들리지
않는다는 겁니다.

일반적으로 이명은 달팽이관의 청각세포 손상으로 인해
서 뇌에서 이를 과도하게 보상하기 위해 나타납니다. 이
명을 앓는 사람들은 어떤 일에 집중하기가 어렵고, 스트
레스와 피로감이 심해져서 삶의 질이 떨어집니다. 이명
소리의 강도는 환자마다 차이가 있으며, 신체 상태에 따
라서도 강도 차이가 발생합니다. 즉, 피곤하거나 스트레
스를 받는 경우 이명 소리가 크게 느껴지며, 푹 쉬면 이명
소리가 덜 들리기도 합니다.

국내 이명 환자는 꾸준하게 증가하는 추세이며, 건강보험
심사평가원의 통계에 따르면 매년 약 30만 명 이상 발생

하고 있습니다. 이명 환자의 성별 비율은 여성이 남성보다 2배 정도 많으며, 40~70대에 가장 많이 분포하고 있습니다. 청력 손실과 함께 이명이 발생한 경우에는 본인의 청력 상태를 정확히 평가하여 적절한 보청기를 착용하는 것이 필요하며, 이명재활 훈련을 함께 받으시는 것이 좋습니다.

참고문헌

김상훈, 여승근(2015). 노인성난청. Hanyang Medical Reviews,
35, 78-83.

김희정, 김보혜, 김옥수(2011). 노인의 시력 및 청력 저하가
우울 및 인지기능에 미치는 영향: 2008년 고령화연구
패널 조사. 성인간호학회지, 23, 584-594.

천행태, 조소현, 조수진(2005). 노인 난청의 우울성향에 관
한 연구. 청능재활, 1, 51-58.

Lee, Y., Park, S., & Lee, S. J. (2020). Factors associated
with depressive symptoms in the elderly with
hearing impairment. *Audiology & Speech Research,
16*, 157-166.

Musiek, F. E., & Baran, J. A. (2018). *The auditory system:
Anatomy, physiology, and clinical correlates* (2nd
ed.). Boston: Pearson Education Inc.

02

청력검사 이해하기

02
청력검사 이해하기

"당신의 청력은 어떻게 되나요?"

누군가가 당신의 시력(視力)에 대해서 묻는다면, 크게 당황하지 않고 바로 대답할 수 있을 것이다. 당신의 청력(聽力)에 대해서 묻는다면? 아마도 본인의 양측 귀의 청력에 대해서 말할 수 있는 사람의 수는 매우 적을 것이다. 시력과 달리, 청력은 우리에게 낯선 용어라고 할 수 있다.

우리의 청력이 어떤지를 알기 위해서는 청력검사를 받아야 한다. 청력검사는 기본적으로 소리를 듣는 능력을 평가하는 검사이다. 청력검사를 통해, 양측 귀에 (1) 청력 손실이 있는지, (2) 청력 손실이 있다면 어느 정도로 나쁜 상태인지, (3) 난청 유형과 병변 부위 등을 확인할 수 있다.

단순히 귀가 잘 들리지 않는다고 해서 난청으로 진단하지 않으며, 청력검사를 통해 청력 손실 정도를 파악하여 난청을 진단하는 것이다. 또한 난청에는 일시적 난청과 영구적 난청이 있기 때문에 이를 고려해서 난청을 진단하고 의학적·청각적 치료를 진행하게 된다. 일시적 난청은 말 그대로 일시적으로 소리가 잘 들리지 않는 것을 말하며, 여기에는 갑자기 소리가 잘 들리지 않는 돌발성 난청과 전음성 난청이 있다. 일시적 난청은 영구적 난청과 달리 의학적 치료를 통해 청력 회복이 가능하다. 하지만 일시적 난청도 적절한 치료를 받지 못하면, 영구적 난청으로 진행될 수 있으니 주의를 기울여야 한다.

당신 혹은 가족이 난청으로 고생하고 있다면, 난청 진단, 청력 변동 확인, 보청기 착용 후의 교정 청력 확인 등의 목적으로 여러 차례 청력검사를 받게 된다. 우리가 청력검사에 대해서 잘 이해한다면, 난청으로 인한 듣기 어려움과 보청기 착용의 필요성 등을 더욱 정확하게 파악할 수 있을 것이다. 이 장에서는 난청 진단에 사용되는 청력검사, 청력검사 결과를 해석하기 위한 개념에 대해서 살펴보고자 한다.

1. 난청 진단에 사용되는 청력검사

1) 이경검사(耳鏡檢査)

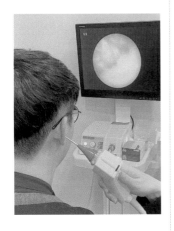

- 검사 특징: 귀의 외이도와 고막의 상태를 확인하는 검사로, 외이도에 있는 이물질을 눈으로 직접 확인할 수 있다.
- 검사 목적: 귀 안의 상태를 확인하여 청력 저하의 원인을 파악할 수 있다. 보청기 제작을 위한 귓본을 뜨기 전, 귀지를 제거하기 위해서도 이경검사를 실시한다.
- 검사 절차: 이경을 귀 안에 넣어서 외이도 상태를 확인하고, 고막이 잘 보이는 위치를 잡아 고막 사진을 찍는다.

2) 초기 청력검사

초기 청력검사를 위해서 일반적으로 임피던스검사, 순음청력검사, 어음청력검사를 실시한다(대한청각학회, 2017). 각 검사의 세부적인 내용은 다음과 같다.

〈임피던스검사〉

○ 검사 특징: 외이도에 프로브(probe)를 착용하여 고막에 압력을 준 뒤, 고막으로부터 반사되어 돌아오는 에너지를 측정하여 중이의 상태를 파악한다.

○ 검사 목적: 외이도 내의 압력 변화에 따른 고막의 탄성 변화를 측정하여 중이 내의 압력, 중이염, 고막 천공 여부, 이관 기능을 평가하기 위해서 실시한다. 검사 결과를 토대로, 의학적 치료가 필요한지, 그리고 보청기 착용이 청력 손실에 도움이 될 수 있는지 판단한다.

○ 검사 절차: 귀 사이즈에 맞는 팁을 골라 프로브에 끼운 뒤, 귀 안으로 밀어 넣는다. 고막 그래프가 다 그려졌다는 표시(초록색 불빛이 깜빡)가 나타나면, 프로브를 뺀다.

〈순음청력검사〉

○ 검사 특징: 다양한 주파수에서 대상자의 청력 역치를 결정하기 위해서 실시한다.

○ 검사 목적: 청력 손실 유무와 정도를 확인하는 가장 기본적인 검사로, 검사 결과는 청각장애 판정과 보장구 지원의 기준으로 이용된다. 또한 순음청력검사 결과는 보청기 조절의 기본적인 자료로 제공되며, 치료 방법을 선택하거나 치료 효과를 판단하는 데도 이용될 수 있다.

○ 검사 절차: 검사 전 대상자에게 '삐- 소리에 버튼을 누르고 아주 작은 소리도 다 누르세요.'라고 설명을 한다. 대상자에게 헤드셋을 씌우고 버튼 조작방법을 설명한다. 좋은 쪽 귀부터 시작하며, 10dB씩 소리를 크게 주며 대략적인 대상자의 역치를 찾는다. 대상자가 반응이 있다면 10dB 작게, 반응이 없다면 5dB 크게 소리자극을 준다. 이때, 대상자가 세 번 중에서 두 번의 반응이 있으면, 역치로 판단한다.

〈어음청력검사〉

◐ 검사 특징: 순음청력검사의 역치를 참고하여 일상생활에서 사용하는 단어나 문장을 들려주고 따라 말하게 함으로써 의사소통 능력을 측정한다.

◐ 검사 목적: 순음청력검사를 통해 주파수에 따른 청력 손실 정도를 파악할 수 있지만, 대상자의 난청 정도가 의사소통 능력에 얼마나 영향을 미치는지 파악하기 어렵다. 어음청력검사는 회화어음에 대한 청력역치와 이해 능력을 평가하는 검사로, 난청의 원인 진단에 유용하게 이용될 수 있다. 또한 어음청력검사 결과는 보청기 착용 후 의사소통 능력 개선 정도와 사회적응 능력을 평가하는 자료로도 사용된다.

◐ 검사 절차: 대상자는 헤드셋을 먼저 착용한다. 검사자는 대상자의 청력역치 평균에서 약 5~10dB 정도 소리를 크게 들려주어서, 대상자가 대화가 가능한 수준의 소리 크기를 찾는다. 이후, 검사자는 대상자에게 단어, 문장 등의 말소리를 들려주어 따라 말하도록 한다.

2. 난청 진단과 관련된 개념 이해하기

난청 진단에서 중요한 검사 중의 하나가 순음청력검사이다. 주파수, 음압(소리 크기)에 대한 개념을 알아야 순음청력검사의 결과를 해석할 수 있다. 주파수, 음압에 대한 개념을 알아보고, 이를 토대로 청력도를 해석하는 방법에 대해서 살펴보자.

1) 주파수

주파수는 전파나 음파 등의 파장이 1초 동안 진동하는 횟수를 말한다. 사람은 20~20,000Hz의 주파수에 해당하는 소리를 들을 수 있다. 예를 들면, 1Hz는 음파가 1초 동안 한 번 진동했다는 것을, 100Hz는 음파가 1초 동안 100번 진동했다는 것을 의미한다.

난청 진단을 위해서는 다양한 주파수 대역의 소리를 얼마나 잘 듣고 있는지를 측정해야 한다. 실제 청력검사에서는 우리의 가청 범위에 있는 모든 주파수 대역의 소리를 사용하지 않는다. 난청은 단순히 소리를 듣지 못한다는 것보다는 '사람의 말소리를 제대로 듣지 못한다'는 것이 주요 문제이기 때문에, 실제 청력검사에서는 사람의 말소리 주파수 대역에 해당하는 125~8,000Hz의 주파수 대역의 대표 소리를 사용하여 검사를 실시한다. 즉, 청력검사에서는 대표적으로 125Hz, 250Hz, 500Hz, 1,000Hz, 2,000Hz, 4,000Hz, 8,000Hz에 해당하는 소리를 사용하여 청력을 측정하고 있다. 즉, 피아노 옥타브 간격에 해당하는 대표 주파수 대역의 소리를 이용하여 청력을 측정하더라도, 사람의 실제 청력과 크게 차이가 없을 것이라고 판단하는 것이다.

2) 음압

데시벨(dB). 우리가 일상생활에서 데시벨이라는 단어를 잘
사용하지는 않지만, 왠지 낯설지 않게 느껴질 수 있다. 아마도
공항 소음, 층간 소음 등과 같이 소음과 관련된 이야기가 뉴스
에서 나올 때, 아나운서나 기자들이 데시벨이라는 용어를 사

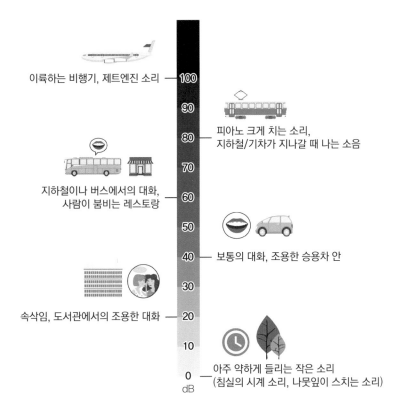

[그림 2-1] 일상생활 소리 및 소음

출처: https://m.blog.naver.com/ijcho99/220819168071

용하여 설명하는 경우가 많기 때문이다. 음압, 즉 소리 크기를
측정하는 단위가 데시벨이며, 숫자가 커질수록 소리의 크기가
크다는 것을 의미한다(그림 2-1).

정상 청력을 지닌 사람은 앞서 언급한 125Hz, 250Hz,
500Hz, 1,000Hz, 2,000Hz, 4,000Hz, 8,000Hz 주파수 대역에
서 20dB 이내의 작은 소리를 들을 수 있다. 특정 주파수에서
20dB 이내의 작은 소리를 듣지 못한다고 해서, 난청이라고 진
단하지는 않는다. 500Hz, 1,000Hz, 2,000Hz의 주파수에서 청
력역치의 평균이 20dB을 넘어갈 경우에 난청으로 진단한다.

우리는 난청을 청각장애(聽覺障碍)라는 용어와 함께 사용하
기도 하는데, 실제로 두 용어는 개념상에 차이가 있다. 청각장
애는 일상생활에 큰 불편을 초래할 정도로 청력이 저하된 상태
를 말한다. 국내에서는 500Hz, 1,000Hz, 2,000Hz, 4,000Hz에서
의 청력역치를 토대로 청각장애를 진단하고 있다(표 2-1).

〈표 2-1〉 청각장애 등급 판정기준(2019년 개정)

장애 정도	장애 상태
장애의 정도가 심한 장애인	1. 두 귀의 청력 손실이 각각 90데시벨 이상인 사람 2. 두 귀의 청력 손실이 각각 80데시벨 이상인 사람
장애의 정도가 심하지 않은 장애인	1. 두 귀의 청력 손실이 각각 70데시벨 이상인 사람 2. 두 귀에 들리는 보통 말소리의 최대의 명료도가 50퍼센트 이하인 사람 3. 두 귀의 청력 손실이 각각 60데시벨 이상인 사람 4. 한 귀의 청력 손실이 80데시벨 이상, 다른 귀의 청력 손실이 40데시벨 이상인 사람

　청각장애 진단을 위한 평균 청력역치 산출 공식은 다음과 같다. 공식을 살펴보면, 1,000Hz와 2,000Hz의 청력역치에 2를 곱하도록 되어 있는데, 이는 해당 주파수가 말소리를 듣고 이해하는 데 중요하기 때문에 가중치를 부여하는 것이다.

$$\frac{500\text{Hz}\,\text{역치}+(1{,}000\text{Hz}\,\text{역치}\times2)+(2{,}000\text{Hz}\,\text{역치}\times2)+4{,}000\text{Hz}\,\text{역치}}{6}$$

3) 청력도 이해하기

　청력도(聽力圖)는 주파수에 따른 개인의 청력역치(dB)를 그래프로 표시한 것이다. 청력도에는 주파수(Hz), 음압(dB) 정보가 표시되며, 대상자의 오른쪽과 왼쪽 귀의 청력역치가 표시된다(그림 2-2). 청력도의 가로에는 250Hz, 500Hz, 1,000Hz, 2,000Hz, 4,000Hz, 8,000Hz 주파수가 표시되며, 세로에는 -10~120dB의 음압이 표시된다. 공기전도(기도)의 청력검사 결과는 오른쪽 귀는 빨간색 ○, 왼쪽 귀는 파란색 ×로 표시한다.

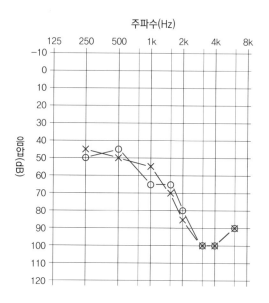

[그림 2-2] 청력도 예시

　　[그림 2-2]의 청력도를 살펴보면, 청력검사상 오른쪽 귀는 2,000Hz(2kHz)에서 80dB 이상 크기의 소리를 들을 수 있으며, 4,000Hz(4kHz)에서는 100dB 이상 크기의 소리를 들을 수 있다는 것을 알 수 있다. 대상자는 저주파에 비해서 고주파 음역대의 소리를 잘 듣지 못한다는 것을 청력도를 통해서 알 수 있다. 이제 자신의 청력도를 보게 된다면, 어떤 주파수 음역대에서 얼마나 작은 소리를 들을 수 있는지 알 수 있을 것이다.

　　[그림 2-3]에서 왼쪽 청력도를 살펴보면, 대표 주파수 대역에서 모두 20dB 이내의 작은 소리에도 반응을 보이고 있어, 오른쪽 귀가 정상 청력이라고 볼 수 있다. 반면에, 오른쪽 청력

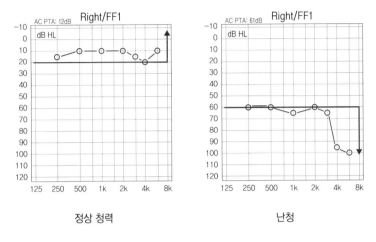

[그림 2-3] 청각장애 유무에 따른 청력도 예시

도를 살펴보면 대표 주파수 대역에서 모두 60dB 이상의 소리에 반응을 보이고 있어서 오른쪽 귀가 정상 청력이 아니라고 판단할 수 있다.

당신 혹은 당신의 가족이 감각신경성 난청을 겪고 있다면 청력 관리에 주의를 기울여야 한다. 왜냐하면 감각신경성 난청의 경우, 청력이 한번 떨어지면 회복되지 않으며, 시간이 지날수록 심각해지는 경향이 높기 때문이다. 청력 손실 정도가 심각할수록 보청기의 효과가 크지 않기 때문에 평소에 본인의 청력을 잘 관리하고 적절한 의학적·청각적 치료를 병행하는 것이 현명하다.

참고문헌

대한청각학회(2017). **청력검사지침**(2판). 서울: 학지사.

03

보청기 이해하기

03
보청기 이해하기

보청기는 소리를 증폭하여 난청인(難聽人)의 약해진 청력을 보조하는 기기이다. 과거에는 보청기의 기능을 단순히 소리를 크게 해 주는 증폭기(增幅器) 정도로 이해하곤 했다. 최근 보청기의 기술 발전과 인식 개선으로 인해서 보청기의 기능이 단순히 소리를 듣는 능력을 향상하는 것에서 나아가 말소리를 듣고 이해하는 능력을 향상하는 것으로 개념이 바뀌었다.

보청기 적응에 실패한 성인들의 이야기를 들어보면, "보청기를 끼니까 말소리는 잘 들리는데, 말소리 구분이 잘 되지 않았다."는 말을 하는 경우가 있다. 이는 보청기 착용으로 소리를 듣는 능력은 향상되었지만 말소리를 듣고 이해하는 능력은 향상되지 않아서 보청기를 착용하지 않는다는 것이다. 보청기를 착용하는 궁극적인 목적이 다른 사람들과의 대화를 원활하게 하는 데 있다는 것을 생각해 볼 때, 보청기 선택, 보청기 조절, 청능재활 참여는 매우 중요하다고 할 수 있다.

대부분의 사람은 난청 성인에게 단순히 말소리를 크게 들려주기만 하면 의사소통이 잘 될 것으로 생각하고, 난청 성인이 보청기를 착용하기만 하면 정상 청력과 똑같은 상태로 듣고 이해할 수 있다고 생각하기도 한다. 하지만 실제로는 난청 성인에게 소리를 크게 들려주는 것만으로는 난청 성인의 듣기 어려움이 해소되지는 않는다. 난청 성인과 가족이 보청기 착용을 고려하게 되면, 보청기에 대해서 궁금한 점이 많아진다. 하지만 난청 성인과 가족이 보청기에 대해서 어느 정도의 지식을 가지고 있지 않은 상태에서는 전문가와 보청기에 대해서 필요한 이야기를 충분히 나누는 것도 쉽지 않다. 그래서 이번 장에서는 보청기에 대한 이야기를 하려고 한다. 보청기에 대한 이해를 돕고자 난청 성인의 청지각적 특징에 대해서 설명하고, 그 후 보청기 선택, 보청기 가격대별 차이, 보청기 착용 효과 및 한계, 보청기 착용과 관련된 내용들을 살펴보고자 한다.

1. 난청 성인의 청지각적 특징

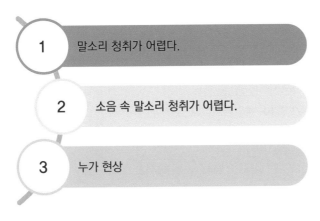

[그림 3-1] 난청 성인의 청지각적 특징

1) 말소리 청취

난청 성인은 보청기를 착용하지 않은 상태에서는 말소리를 정확하게 알아듣기가 어렵다. 난청 성인마다 주파수에 따른 청력 손실 정도가 다르기 때문에 단순히 소리를 크게 해 주는 것만으로 말소리를 정확하게 알아들을 수 없다. 난청 성인의 주파수 음역대별로 청력 손실 정도를 고려하여 필요한 만큼만 보청기를 통해 소리를 증폭해 주어야 전체적으로 균형에 맞는 소리를 편안하게 들을 수 있게 된다.

2) 소음 상황에서의 말소리 청취

난청 성인은 정상 청력 성인에 비해서 소음의 영향을 훨씬
많이 받는다. 정상 청력 성인은 길거리, 식당 등과 같은 시끄러
운 장소에서도 크게 어렵지 않게 상대방과 대화를 할 수 있는
데, 우리의 뇌가 불필요한 소음은 무시하고 말소리에 집중하여
소음 속에서도 말소리를 구분할 수 있게 해 주기 때문이다.

청력이 떨어지면, 뇌로 전달되는 소리의 질과 양이 떨어진
다. 이러한 이유로 인해서, 뇌에서는 소음 속에서 말소리를 구
분해 내는 능력도 함께 떨어진다. 예를 들어, 식당에서의 소음
이 80dB이고, 여기서 대화하는 사람의 말소리가 70dB이라면,
소음이 말소리보다 크기 때문에 난청 성인은 상대방의 말소리
를 제대로 알아듣기가 힘들다(그림 3-2). 난청 성인이 보청기

[그림 3-2] 소음 상황에서 듣기

를 착용하더라도, 정상 청력 성인에 비해서 소음 상황에서는 말소리를 50% 이하의 수준으로 듣게 된다. 오늘날에는 보청기의 마이크 기능을 방향성으로 설정하여, 난청 성인의 옆과 뒤에서 들리는 소음의 크기는 줄이고 앞에 있는 상대방의 말소리를 좀 더 크게 설정해 주는 기능을 활용할 수 있다(그림 3-3).

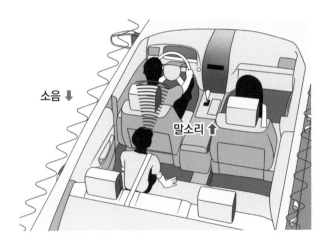

소음 ⬇
말소리 ⬆

[그림 3-3] 보청기 마이크의 방향성 기능

보청기 마이크의 방향성 기능은 주변의 소음은 줄여 주고 사람의 말소리는
크게 들을 수 있도록 해 준다.

3) 누가 현상

누가 현상은 청력이 떨어졌음에도 큰 소리를 듣는 기능은 그대로 유지되는 현상을 말한다(이정학, 이경원, 2019). 일반적으로는 소리의 크기가 증가하면 그것과 비례해서 감각의 크기

도 증가한다. 청각학에 대한 지식이 없을 경우, 청력이 떨어지
면 작은 소리와 큰 소리를 듣는 기능이 모두 떨어지는 것으로
생각한다. 하지만 달팽이관의 유모세포의 문제로 발생된 감각
신경성 난청을 경험하는 성인은 작은 소리는 제대로 듣지 못
하고 큰 소리는 정상인과 같이 듣는 '누가 현상'을 경험하게 된
다. 이러한 이유 때문에 소리의 크기가 약간 증가했음에도 불
구하고, 난청 성인에게는 소리가 대단히 크게 느껴진다. 그래
서 난청 성인이 말소리를 제대로 알아듣지 못하여 상대방이
큰 소리로 말을 해 주면 깜짝 놀라는 식으로 반응하는 것이다.
난청 성인은 들을 수 있는 음역대가 축소되어 있기 때문에 소
리가 일정하게 커지더라도 조금이라도 소리가 커지면 고통스
럽게 느껴지는 것이다. 이러한 불편함과 고통을 해소하기 위
해서 보청기의 압축 기능을 이용하여 난청 성인의 좁아진 가
청 음역대에서 최대한 말소리를 편안하게 알아들을 수 있도록
하고 있다.

2. 보청기 선택

보청기는 크게 귀걸이형과 귓속형으로 구분할 수 있다(그림
3-4). 보청기를 좀 더 세부적으로 나누면 여러 형태가 있지만,
난청 성인이 보청기를 구입하게 되면 약 80% 이상이 귀걸이

형 혹은 귓속형을 선택한다. 귀걸이형 보청기는 말 그대로 보
청기를 귀에 거는 형태이며, 귓속형 보청기는 귀 안쪽으로 들
어가는 형태이다. 겉으로 보기에는 사람들의 귀 모양이 비슷
하게 보이지만, 실제로 귀 안쪽의 모양은 매우 다르다. 심지어
같은 사람이라도 오른쪽과 왼쪽의 귀 안쪽 모양이 다르다. 이
러한 이유로 귓속형 보청기를 착용할 경우 틀니처럼 귀 안쪽
에 귓본을 뜨는 과정이 꼭 필요하다.

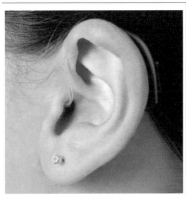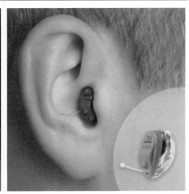

| 귀걸이형 보청기 | 귓속형 보청기 |

[그림 3-4] 보청기 예시

출처: https://www.healthyhearing.com/help/hearing-aids
      http://www.adeptaudiology.com/

1) 청력 손실 정도에 따른 보청기 선택

난청 성인이 보청기를 선택하는 기준에는 다양한 요인이 있
지만, 가장 중요한 요인은 청력 손실 정도이다. 난청은 청력
손실 정도에 따라 경도, 중도, 중고도, 고도, 심도로 구분할 수
있다(그림 3-5). 청력 손실 정도에 따른 난청의 특징과 보청기
선택을 살펴보면 다음과 같다.

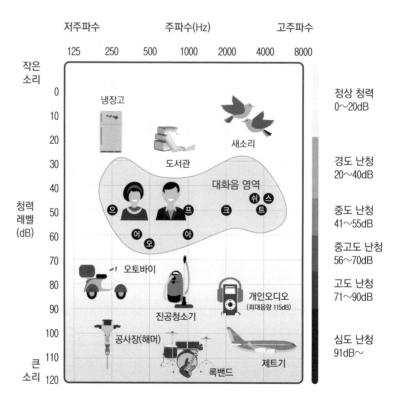

[그림 3-5] 청력 손실 정도

출처: http://www.busanear.com/hearing_impaired/hearing_impaired_03.php

경도 난청 성인은 친숙한 사람과 일상적인 대화를 나눌 때
는 어려움을 거의 느끼지 않는다. 하지만 여러 사람이 함께 대
화를 나누는 상황과 소음이 있는 상황에서는 상대방의 말소리
를 놓칠 수 있다. 많은 전문가는 경도 및 중도 난청 성인에게
는 주로 귓속형보다는 오픈형 보청기를 권유한다(그림 3-6).
오픈형 보청기는 귀를 꽉 막지 않은 형태이기 때문에 난청 성
인의 잔존 청력을 활용하여 뚫려진 곳으로 소리를 최대한 듣
고, 부족한 고주파수 대역 소리나 대화음을 증폭하여 난청 성
인이 최대한 자연스러운 소리를 들을 수 있다.

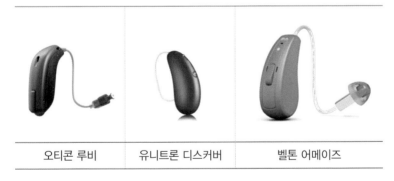

| 오티콘 루비 | 유니트론 디스커버 | 벨톤 어메이즈 |

[그림 3-6] 오픈형 보청기 예시

중고도와 고도 난청 성인은 모든 주파수 대역에서 전체적
으로 청력이 떨어지기 때문에 보청기 없이는 상대방의 말소리
가 매우 작게 들린다. 이러한 이유로 중고도·고도 난청 성인
에게는 보청기를 통해서 최대한 자신의 청력을 보상해서 들을

수 있도록 해야 한다. 일반적으로 해당 청력의 성인은 귀걸이형 보청기 착용을 권유하지만, 대상자에 따라서는 귓속형 보청기가 더 적절할 수도 있으므로 청각 전문가와 충분히 상의할 필요가 있다.

심도 난청 성인은 가까이에서 크게 말소리를 들려주어도 잘 듣지 못한다. 또한 보청기를 착용하여도 말소리를 잘 구분해서 듣기가 힘들다. 특히 청각 관련 신경이 많이 손상된 경우에는 말소리의 20~30%도 제대로 알아듣기 힘들 수 있다. 그러므로 심도 난청 성인에게는 소리의 증폭을 많이 해 줄 수 있는 출력이 큰 귀걸이형 보청기 착용을 권유한다. 또한 심도 난청 성인 중에서 보청기만으로 듣기 어려움이 큰 경우에는 인공와우 이식 수술을 통해서 듣기 어려움을 개선할 수 있다. 인공와

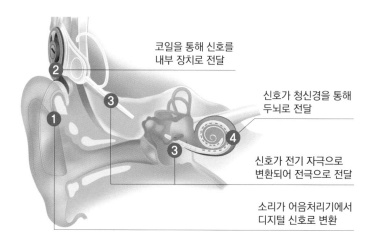

코일을 통해 신호를
내부 장치로 전달

신호가 청신경을 통해
두뇌로 전달

신호가 전기 자극으로
변환되어 전극으로 전달

소리가 어음처리기에서
디지털 신호로 변환

[그림 3-7] 인공와우

출처: https://news.chosun.com/site/data/html_dir/2016/05/29/2016052901205.html

우 이식은 달팽이관에 전극을 삽입하여 소리를 잘 듣도록 하
는 것으로, 이비인후과 전문의와 상담을 통해서 수술 여부를
결정하는 것이 중요하다(그림 3-7).

2) 청력도에 따른 보청기 선택

난청 성인 중에서 저주파수 음역대의 청력은 비교적 양호
한데, 고주파수 음역대의 청력이 상대적으로 많이 떨어진 경
우가 있다. 이는 노인성 난청의 전형적인 형태로, 해당 난청을
경험하는 성인은 말소리는 들리는데 말소리 구분이 어렵다.

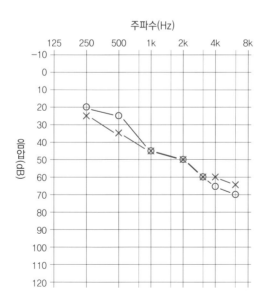

[그림 3-8] 노인성 난청의 청력도 예시

[그림 3-8]과 같이 저주파수에 비해서 고주파수 음역대의 청력 손실이 심할 경우, 저주파수 음역대에 해당하는 말소리인 /아/, /오/ 등은 잘 들리지만, 고주파수 음역대의 말소리인 /ㅅ/, /ㅆ/, /ㅊ/ 등은 잘 안 들리게 된다. 이러한 경우에는 귓속형 보청기보다는 오픈형 보청기를 착용하는 것이 말소리 구분에 더 도움이 될 수 있다. 왜냐하면 귀를 다 막지 않는 오픈형 보청기를 통해서 저주파수 음역대의 소리는 그대로 듣고, 고주파수 음역대의 소리는 보청기를 통해서 보상해 줄 수 있기 때문이다. 다시 말하면, 노인성 난청으로 듣기에 어려움을 겪고 있는 성인이 오픈형 보청기를 착용하면, 저주파수 음역대의 /아/와 같은 말소리는 자신의 청력으로 듣고, 잘 듣지 못하는 고주파수 음역대의 /ㅅ/와 같은 말소리는 보청기를 통해서 보상해 줌으로써 자연스럽고 명료하게 말소리를 구분할 수 있게 된다.

3) 청력 손실 유형에 따른 보청기 선택

나이 든 난청 성인 중에서는 예전에 중이염이나 귀 질환을 많이 앓은 경험이 있는 경우가 있다. 이러한 형태의 난청을 지닌 성인은 저주파수 음역대의 말소리는 잘 안 들리고, 고주파수 음역대의 말소리는 상대적으로 잘 들을 수 있다. 이때는 난청 성인이 저주파수 음역대의 말소리를 잘 들을 수 있도록 보청기를 조절해 주면, 듣기 어려움이 상당히 개선될 수 있다. 또한 이러한 형태의 난청 성인에게는 귓속형 보청기 착용을 권고한다.

3. 보청기의 가격대별 차이

난청 성인과 가족들은 어떤 가격대의 보청기가 본인들에게 가장 잘 맞는 보청기인지에 대해서 가장 궁금해한다. '싼 게 비지떡'이라는 속담이 있다. 이 속담은 '싸구려 물건을 사려다 돈만 버린다'는 뜻이다. 이 말은 보청기에 적용될 수도 있다. 하지만 무조건 비싼 보청기가 난청 성인 모두에게 잘 맞는 것은 아니다.

보청기 선택에서 가장 중요한 요소는 난청 성인의 청력 손실 정도와 유형이기 때문에 이에 따라 본인에게 잘 맞는 보청기를 선택하는 것이 중요하다. 때로는 오히려 낮은 가격대의 보청기가 난청 성인의 청력에 잘 맞을 수도 있다. 예를 들면, 예전부터 아날로그식의 저렴한 보청기를 사용해 왔던 난청 성인은 소음을 차단하는 기능이 많은 디지털 보청기를 사용할 경우, 오히려 말소리를 구분하는 능력이 떨어지거나 보청기 만족도가 떨어질 수도 있다. 즉, 아날로그식 보청기로 들리는 말소리가 익숙한 난청 성인에게는 많은 기능이 탑재된 높은 가격대의 디지털 보청기가 맞지 않을 수도 있다. 이러한 경우를 제외하고, 일반적으로 보청기의 가격대가 올라갈수록 사용자의 만족도가 올라간다.

보청기의 가격은 주로 소음 차단 정도와 채널 개수에 따라 결정된다. 이 기능 외에도 보청기의 가격을 결정하는 요소가 있다. 하지만 최소한 보청기의 소음 차단 기능과 채널 기능 이 두 가지 정도만 알고 있어도, 난청 성인에게 잘 맞는 보청기를 전문가와 상의하여 결정할 수 있을 것이다.

1) 소음 상황에서의 소음 및 말소리 조절 기능

보청기를 착용하더라도, 난청 성인은 정상 청력 성인에 비해서 소음 상황에서 상대방의 말소리를 알아듣기가 어렵다. 이러한 듣기 문제를 개선하기 위한 방법 중의 하나는 보청기를 통해서 소음과 말소리를 조절하는 것이다. 보청기 기술의 발전으로 오늘날에는 보청기를 통해서 주변 소음을 차단하고 목표 말소리를 강화할 수 있다. 이러한 기능의 유무에 따라서 보청기의 가격이 결정된다.

난청 성인은 무조건 기능이 많은 보청기를 선택하기보다는 본인의 생활 패턴을 고려하여 보청기를 선택할 필요가 있다. 예를 들면, 소음이 있는 장소에서 대화를 자주 해야 하는 난청 성인의 경우, 가격대가 높더라도 소음 차단 기능이 있는 보청기를 선택하는 것이 적절할 것이다. 반면에, 조용한 장소에서 생활하는 난청 성인은 비교적 가격대가 낮으면서 기본적인 소음 차단 기능만 있는 보청 기를 선택해도 의사소통에 큰 불편함이 없을 것이다.

2) 채널

보청기에는 채널이라는 기능이 있어서, 주파수 대역별로 세부적인 조절이 가능하다. 예를 들면, 4채널 보청기는 말소리 주파수를 4개로, 16채널 보청기는 말소리 주파수를 16개로 나누어서 난청 성인이 보청기를 통해서 소리를 듣게끔 하는 것이다. 이때, 보청기의 채널 개수가 많아질수록 가격이 높아지게 된다. 만약 난청 성인의 청력이 수평적으로 떨어지면, 채널이 적은 보청기만으로 듣는 데 큰 어려움이 없을 수도 있다. 하지만 주파수 대역별로 청력 손실 정도에 차이가 있는 난청 노인에게는 최소한 8채널 이상의 보청기를 선택하여 세부적으로 조절해야 한다. 이처럼 보청기를 선택할 때 무조건 채널 개수가 많은 것을 선택하기보다는 난청 성인의 청력 손실 정도와 유형에 맞는 보청기를 선택하면 된다.

4. 보청기 착용 효과 및 한계점

1) 보청기 착용 효과

첫째, 보청기는 난청 성인이 일상생활에서 듣지 못하는 소리를 들을 수 있게 한다. 난청 성인이 보청기를 착용하고 나서, 보청기에 대해 하는 이야기를 정리해 보면 다음과 같다.

- 대화 상대방이 나에게 큰 소리로 이야기하지 않아서 대화가 훨씬 편해졌다.
- 작은 소리도 들리기 시작했다.
- 텔레비전의 볼륨을 더 크게 높이지 않는다.

난청 성인과 가족은 보청기만 착용하면 바로 말소리를 잘 들을 수 있을 거라고 생각하지만, 청신경이 많이 손상된 경우에는 보청기 착용만으로는 말소리 구분이 잘 안 될 수 있다. 이때는 청능재활에 참여하여, 말소리를 알아듣는 능력을 향상할 수 있다.

둘째, 보청기는 소리를 지속적으로 전달하여, 난청 성인의 청신경과 청력을 보존하는 데 도움을 준다(그림 3-9). 감각신경성 난청의 경우, 한번 청력이 나빠지면 회복되지 않는다. 그

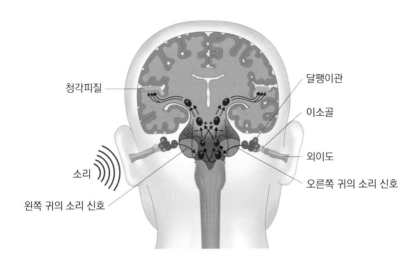

청각피질

달팽이관

이소골

외이도

오른쪽 귀의 소리 신호

소리

왼쪽 귀의 소리 신호

[그림 3-9] 소리는 뇌로 전달된다

출처: https://kids.frontiersin.org/article/10.3389/frym.2018.00063

렇기 때문에 청력이 나빠지지 않도록 유지하는 것이 중요하다. 무엇보다 보청기는 난청 성인의 뇌로 소리 자극을 지속적으로 전달해 주기 때문에 치매와 같은 인지장애를 예방하는 효과가 있다. 한지혁(2018)의 연구에 따르면, 난청이 있는 성인이 어떤 조치를 취하지 않고 방치할 경우, 정상 청력 성인에 비해서 치매에 걸릴 확률이 약 5배 높아지는 것으로 나타났다. 난청으로 인해 말소리 자극이 지속적으로 뇌로 전달되지 않으면, 인지 능력 저하를 가속화해 치매와 같은 인지장애로 진행될 가능성이 높아지는 것이다.

2) 보청기의 한계

난청 성인 중에서 어떤 사람은 "내가 듣고 싶은 소리만 보청
기로 듣고 싶다."라고 이야기하는 경우가 있다. 실제로 보청기
는 내가 듣고 싶은 소리만 전달해 주지는 않는다. 즉, 보청기
는 난청 성인에게 주변 소음과 말소리를 모두 전달해 준다. 그
런데 난청 성인의 청력 손실 정도와 유형, 보청기 조절 상태에
따라서 주변의 소음이 난청 성인이 느끼기에 크게 들리기도
한다. 예를 들면, 수도꼭지에서 물이 흐르는 소리, 식탁에 접
시나 수저를 놓는 소리 등이 난청 성인이 느끼기엔 크게 들리
기도 하는 것이다. 이러한 이유로, 난청 성인은 보청기를 착용
하는 것이 힘들다고 느끼곤 한다.

사람마다 차이가 있기는 하지만, 보청기를 착용하면 울림
현상이 발생하기도 한다. 예를 들면, 난청 성인이 보청기 착용
시 자신의 목소리, 발자국 소리, 음식 씹는 소리가 울리면서 크
게 들리는 것이다. 요즘에는 오픈형 보청기와 같은 새로운 보
청기 사용으로 울림 현상이 많이 개선되었다. 하지만 여전히
보청기의 기술력 한계로 인해서 보청기의 울림 현상에 대한
불편함을 호소하는 난청 성인들이 존재한다. 다행인 것은 보
청기를 청력에 맞게 잘 조절하고 적응하면, 이러한 부분도 결
국에는 우리 뇌가 적절하게 조절, 적응해 나갈 수 있다는 것
이다.

5. 보청기를 착용하지 않는 이유는?

나이 든 성인 중에서 본인의 난청 문제를 인식하고 보청기가 필요하다는 것을 알고는 있지만, 보청기 착용을 거부하는 경우가 있다. 여기서 보청기와 관련된 편견과 오해를 바로잡아 보자.

첫째, 국내 상당수의 난청 성인은 본인의 난청을 다른 사람들에게 숨기고 싶어 한다. 보청기 착용과 관련된 Banerjee(2011)의 연구 보고에 따르면, 미국이나 독일 등과 같은 나라에서의 난청 성인은 잘 들을 수만 있다면 큰 사이즈의 보청기를 착용하는 것에 대한 거부감이 없는 것으로 나타났다. 반면에, 중국이나 한국에서는 상당수의 난청 성인이 보청기의 크기를 중요하게 생각하는 것으로 나타났다. 다시 말해서, 다른 사람들이 본인의 난청을 모르도록 작은 크기의 보청기를 선호하는 것이다. 보청기는 안경과 같은 보조기기이다. 남들의 시선을 중요하게 생각하여 보청기를 착용하지 않거나 적합하지 않은 보청기를 착용하게 되면, 상대방의 말소리를 제대로 듣지 못하게 되어 결국 난청 성인에게는 손해가 된다.

둘째, 나이 든 성인 중에서 본인이 보청기를 착용하는 것에 대해서 '내가 늙었다' '죽을 때가 되었다'라는 식으로 생각하는 경우가 있다. 선천적으로 난청이 있는 아기는 생후 1~2개월

부터 보청기를 착용하기도 하며, 젊은 성인 중에서도 난청이 발생하여 보청기를 착용하기도 한다. '보청기는 곧 늙은 것'이라고 생각하지는 않았으면 한다.

셋째, 보청기의 가격대가 부담스러울 수 있다. 또한 보청기의 평균 수명이 5~7년이기 때문에 여러 차례 구매를 해야 할 수도 있다. 이렇게 한번 생각해 보자. 양측 보청기를 300만 원에 구매해서 5년 정도 사용한다고 생각하면, 하루에 1,600원의 비용이 드는 셈이다. 난청 성인이 잘 듣지 못해서 받는 스트레스와 의사소통 단절, 치매에 걸릴 가능성 등을 생각해 본다면, 하루 1,600원이 큰 비용은 아닐 수 있다. 오늘날에는 보청기 구입과 관련된 정부 지원도 있으니 돈의 많고 적음에 구애받지 않고, 본인에게 필요한 보청기를 잘 선택해서 착용하는 것이 현명하다고 할 수 있다.

마지막으로, 일부 성인 중에서 보청기를 착용하면 귀가 더 나빠진다고 생각하는 경우가 있다. 보청기를 착용했더니 청력이 예전보다 더 나빠졌다고 하는 사람들이다. 난청의 특징 중의 하나가 일단 발생하면 지속적으로 청력이 떨어질 수 있다는 것이다. 그나마 난청 성인이 보청기를 지속적으로 착용하면 청력이 유지될 수 있으며, 청력이 나빠지더라도 그 정도가 적을 수 있다. 보청기가 청력이 떨어지는 것을 완벽하게 막을 수는 없더라도, 청력 유지에 도움을 주면서 말소리를 알아듣는 능력을 유지해 줄 수 있다.

나이 든 성인 중에는 "노화로 인해 자연스럽게 청력이 떨어지는 걸 호들갑 떨면서, 귀찮게 보청기를 착용하고 싶지 않다."라고 말하는 경우도 있다. 노인성 난청은 다른 난청 유형과 달리 처음에는 청력이 서서히 떨어지지만, 어느 시점부터는 청력이 급격하게 떨어진다. 청력이 많이 나빠진 상태에서 보청기 착용을 시작하면, 보청기 효과를 제대로 보기 힘들다. 왜냐하면 청력이 서서히 떨어지는 동안 청각 자극이 뇌로 입력되지 않아서, 인지 기능도 함께 떨어질 수 있기 때문이다(한지혁, 2018).

 **Q&A**

| 보청기 선택 |

Q. 보청기는 언제부터 착용하는 것이 좋은가요?

A. 난청 성인의 대부분은 상대방의 말소리를 알아듣기가 매우 어려워졌을 때, 보청기를 착용해야 할지 고민하기 시작합니다. 실제로는 정기적으로 청력검사를 실시하여 경도 난청을 진단받았을 때부터 보청기를 착용하는 것이 바람직하다고 할 수 있습니다. 그래야 보청기 효과를 많이 볼 수 있으며, 소리자극을 뇌로 지속적으로 전달하여 인지 능력이 떨어지는 것을 예방할 수 있기 때문입니다.

Q. 남들한테 잘 보이지 않는, 작은 사이즈의 보청기가 좋은 건가요?

A. 보청기를 선택할 때, 보청기 크기를 최우선으로 고려하는 것은 적절하지 않습니다. 확실하게 말씀드릴 수 있는 것은 보청기의 크기보다는 본인의 청력 손실 정도에 맞는 보청기가 좋은 보청기라는 것입니다.

| 보청기 구입 |

Q. 보청기 구입 시 의료보험 혜택을 받을 수 있나요?

A. 보청기 구입 시 의료보험 혜택을 받을 수는 없습니다. 청각장애로 진단되면 국가보조금 지원을 통해서 보청기 구입과 관련된 혜택을 받을 수 있습니다. 당사자의 경제 수준에 따라서 99만 9,000원부터 111만 원까지 비용 지원을 받을 수 있습니다. 부록에 보청기 구입과 관련된 국가보조금 지원 혜택 내용을 상세히 작성해 두었으니 살펴보시기 바랍니다.

참고문헌

이정학, 이경원(2019). 보청기 평가와 적합(2판). 서울: 학지
   사.

한지혁(2018). 주관적 난청과 인지기능의 관계: 한국 고령화
   연구패널 조사. 강원: 연세대학교 보건대학원.

Banerjee, S. (2011). Hearing aids in the real world: use
   of multimemory and volume controls. *Journal of
   American Academy of Audioloy, 22*(6), 359-374.

04

보청기 착용 및 관리

04
보청기 착용 및 관리

　우리가 익숙하지 않은 기기를 만지거나 작동할 때는 여러 차례 작동을 해 보아야 실수를 하지 않고 잘 사용할 수 있다. 세탁기, 핸드폰 등의 기기를 처음 사용했을 때를 생각해 보자. 지금은 아무런 문제 없이 잘 다루는 기기들도, 처음에는 서툴게 작동했던 경험들이 있을 것이다.

　보청기는 가전제품과 달리 크기도 작고 신체에 착용하는 것이기 때문에 보청기 착용과 관리에 익숙해지기 위해서는 상당한 연습이 필요하다. 무엇보다 보청기를 제대로 착용하지 않고 관리를 잘 하지 못하면, 보청기 효과를 충분히 볼 수 없게 되기도 한다. 그러므로 이 장에서는 보청기 착용 및 관리, 보청기 적응 및 고장과 관련된 문제 해결방법에 대해서 살펴보고자 한다.

1. 보청기 착용 및 관리

보청기를 처음 구매하게 되면, 전문가로부터 (1) 배터리 교체, (2) 보청기 켜기와 끄기, (3) 보청기 관리, (4) 보청기 착용과 관련된 설명을 듣게 된다. 전문가들은 능숙하게 보청기를 다루면서 우리한테 설명을 해 주기 때문에 난청 성인은 혼자서도 문제 없이 보청기를 잘 다룰 수 있을 것으로 생각한다. 하지만 실제로 집에서 혼자 보청기를 다루다 보면, 보청기 조작이 만만치 않다는 생각이 들게 된다. 여기에서 설명하는 대로, 귀걸이형과 귓속형 보청기의 착용법과 관련된 내용을 천천히 따라하다 보면 보청기 자동과 차용도 이숙해질 수 있을 것이다.

1) 귀걸이형 · 오픈형

(1) 배터리 교체하기

순서	사진	설명
1		보청기의 홈 부분을 당겨서 연다.
2		배터리의 평평한 면이 위에 오도록, 배터리를 보청기에 넣는다. (O) (X)
3		배터리의 스티커를 제거한다.
4		보청기의 배터리 문을 닫는다.

(2) 보청기 켜기 및 끄기

보청기 켜기	보청기 끄기

보청기에 배터리를 넣고 문을 닫으면, 보청기 작동이 시작된다.	보청기의 배터리 문을 열면, 보청기 작동이 중단된다.

(3) 보청기 청소하기

보청기를 떨어뜨리면 파손 위험이 있으니, 탁자나 책상 위에 보청기를 올려두고 청소를 한다.

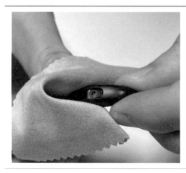	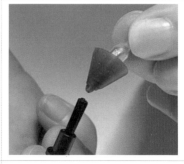
마른 헝겊으로 보청기 표면에 묻은 습기나 이물질 등을 닦는다.	보청기 전용 솔로 리시버 부분의 귀지나 먼지 등을 털어준다.

(4) 보청기 착용하기

순서	사진	설명
1		보청기 본체를 귀 뒤에 걸어 준다.
2		보청기 돔 부분(고무 부분)을 귀 안으로 넣는다.
3		보청기 돔 부분이 귀에 잘 들어갈 수 있도록, 한 번 더 꼭 눌러 준다.
4		**보청기 빼기** 리시버 부분을 먼저 잡고 귀 안에서 꺼낸다.

2) 귓속형 보청기

(1) 배터리 교체하기

순서	사진	설명
1		보청기의 홈 부분을 당겨서 연다.
2		배터리의 평평한 면이 위에 오도록, 배터리를 보청기에 넣는다. (O)　　　　(X)
3		배터리의 스티커를 제거한다.
4		보청기의 배터리 문을 닫는다.

(2) 보청기 켜기 및 끄기

보청기 켜기	보청기 끄기
	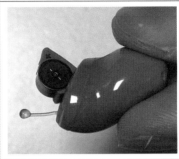
보청기에 배터리를 넣고 문을 닫으면, 보청기 작동이 시작된다.	보청기의 배터리 문을 열면, 보청기 작동이 중단된다.

(3) 보청기 청소하기

보청기를 떨어뜨리면 파손 위험이 있으니, 탁자나 책상 위에 보청기를 올려두고 청소를 한다.

마른 헝겊으로 보청기 표면에 묻은 습기나 이물질 등을 닦는다.	보청기 전용 솔로 리시버 부분의 귀지나 먼지 등을 털어 준다.

(4) 보청기 착용하기

순서	사진	설명
1		글씨가 위로 보이도록 보청기를 잡는다.
2		그대로 보청기를 귀 안으로 넣는다. (보청기 글씨가 밖으로 보이도록 한다.)
3		보청기가 질 들어갈 수 있도록, 귀를 당겨서 보청기를 한 번 더 눌러 준다.
4		**보청기 빼기** 보청기 손잡이 부분을 잡은 다음, 귀 안에서 보청기를 꺼낸다.

2. 보청기 적응 및 고장과 관련된 문제 해결방법

보청기는 기기다. 그러므로 언제든지 고장이 날 수 있다. 어느 날 갑자기 보청기에서 소리가 들리지 않는다면, 우리는 보청기의 고장을 쉽게 알 수 있다. 하지만 보청기의 미세한 고장으로 보청기의 소리가 예전과 다르게 들린다면, 우리는 보청기의 고장을 알아차리지 못할 수도 있다. 여기서 저자들이 강조하고 싶은 것은 보청기의 고장을 알아차리지 못하고 보청기에서 들리는 이상한 소리를 무조건 참고 적응해서는 안 된다는 것이다.

보청기를 착용하고 있는 난청 성인 중에서, 일부는 "선생님들이 내 보청기를 대신 착용해 보고, 보청기 조절도 해 주고 고쳐 주면 좋겠다."라고 이야기하곤 한다. 나이 든 난청 성인의 상당수가 청능사에게 보청기와 관련하여 상세하게 이야기를 전하는 것이 쉽지 않다. 정상 청력 성인도 본인이 들은 소리의 특징을 다른 사람에게 설명하는 것이 쉽지 않은데, 난청 성인이 보청기를 통해 들리는 소리에 대해서 설명하는 것은 더욱 어려울 수 있다. 난청 성인이 보청기 적응 및 고장과 관련하여 청능사와 의사소통하고 해결할 수 있도록, 여기서 난청 성인들의 보청기 소리에 대한 실제 호소와 최선의 해결 방법을 정리해 보았다(가나안보청기, 2020).

1) 환경음

호소 내용

- 주변 소리만 크게 들리고, 말소리는 잘 안 들린다.
- 생활 소음(예: 문 닫는 소리, 접시 부딪히는 소리, 달그락거리는 소리, 물건 놓는 소리 등)이 크게 들린다.
- '딱딱딱' 하는 소리가 들린다.
- 소리가 먹먹하게 들린다.
- 소리가 찢어지게 들린다.
- 소리가 시끄럽게 들린다.
- 소리가 쾅쾅거리게 들린다.
- 물소리가 너무 크게 들린다.
- 바람소리가 너무 크게 들린다.

해결 방법

처음 보청기를 착용해 보는 난청 성인은 환경음과 관련하여 소리 이상을 호소하곤 한다. 이러한 경우는 대개 보청기의 고장 문제일 가능성은 낮으며, 처음 보청기를 착용해서 나타나는 불편함이 원인인 경우가 많다. 즉, 오랫동안 듣지 못했던 환경음 혹은 평소에 작게 들렸던 환경음이 제대로 들리기 시작하면서, 보청기의 소리가 이상하다고 느끼는 것이다. 이러한 경우는 청능사와 상의해 가면서 보청기에서 들리는 소리를 조절해 볼 것을 권한다. 하지만 경우에 따라서는 보청기의 잘못된 착용 때문이거나 추가적인 보청기 조절이 필요한 경우도 있으니, 청능사에게 이와 관련된 도움을 받아야 한다.

2) 말소리 변별

호소 내용

- 보청기를 뺀 채로, 텔레비전 소리를 크게 해서 듣는 게 더 잘 들린다.
- 옆 사람의 말소리를 알아듣기가 어렵다.
- 보청기를 빼고 전화하는 것이 더 잘 들린다.
- 멀리서 나는 소리가 바로 옆에서 나는 것처럼 크게 들린다.
- 앞에 있는 사람의 말은 잘 들리는데, 여러 사람이 얘기하면 잘 안 들린다.
- 창문을 열어 놓고 텔레비전을 보면, 말소리가 잘 안 들린다.

해결 방법

텔레비전이나 전화기와 같은 전자기기는 스피커를 통해서

소리를 전달한다. 사람이 옆에서 직접 말을 하는 것보다 전자기기 스피커로 말소리가 전달될 때, 음질(音質)은 떨어진다. 정상 청력 성인에게는 전자기기의 음질이 조금 떨어지는 것이 말소리를 알아듣는 것에 거의 영향을 미치지 않는다. 하지만 난청 성인은 보청기를 통해서 저하된 음질의 말소리를 들을 때, 정확하게 말소리를 구분하는 것이 어렵다. 최근에는 이러한 보청기의 한계점을 개선하기 위해서 다양한 보청기 액세서리가 개발되었으므로, 이를 활용해 볼 것을 권유한다. 예를 들면, 보청기의 블루투스 액세서리로 텔레비전과 전화기를 무선으로 연결함으로써 말소리를 명료하게 들을 수 있다.

난청 성인 중에서 "보청기로 말소리는 잘 들리는데, 말소리 구분은 잘 못하겠다."라고 듣기 어려움을 호소하는 경우가 있다. 사실, 현장에서는 이러한 듣기 어려움을 호소하는 난청 성인이 꽤 많다. 이때는 청능사가 난청 성인의 청력에 맞추어서 보청기를 섬세하게 조절해 주는 것이 중요하다. 그리고 대부분의 난청 성인은 청각신경 통로의 손상을 동반하는 경우가 많기 때문에 청능재활을 통해서 다양한 말소리를 인지할 수 있도록 도움을 받는 것도 필요하다.

3) 보청기 고장

호소 내용

- 밥 먹을 때나 말을 할 때 '삐-' 소리가 난다.
- 내 목소리가 울린다.
- 상대방 목소리가 울린다.
- 밥을 먹거나 몸을 움직일 때마다 '삐-' 소리가 들린다.
- 보청기에서 '쨱쨱쨱' 소리가 들린다.
- 전화 받을 때, '삐-' 소리가 자주 들린다.

해결 방법

　앞서 언급한 바와 같이, 난청 성인은 보청기의 소리에 적응해야 한다. 하지만 위와 같은 이상 증상이 나타나면, 보청기 고장일 가능성이 매우 높다. 이러한 상태로 장기간 보청기를 착용하게 되면 보청기에 대한 부정적 인식만 높아지게 된다. 그러므로 청능사를 만나서 하루빨리 문제가 되는 부분을 해결해야만 한다.

📢 Q&A

| 보청기 착용 |

Q. 보청기를 착용하면 귀 주변이 욱신욱신 아파요.

A. 귀 안쪽은 우리 몸의 피부 중에서 얇은 부분에 속합니다. 보청기를 지속적으로 착용하다 보면 귀 통증이 점차로 줄어드는 경우도 있지만, 사람에 따라서는 귀 통증을 참기가 어려울 수 있습니다. 그런 경우에는 보청기 전문센터에서 보청기의 모양을 조금 다듬으면, 귀 통증이 없어지거나 완화될 수 있습니다.

Q. 저는 이명으로 고생하고 있는 중인데요, 보청기를 착용하면 이명이 나아질 수 있나요?

A. 이명은 매우 복잡한 증상입니다. 아직까지 이명의 원인이 명확하게 밝혀지지 않은 상태입니다. 다만, 달팽이관의 유모세포 손상을 보상하기 위해서 이명이 발생되는 경우도 있다고 알려져 있습니다. 만약 이명의 원인이 달팽이관의 유모세포 손상과 관련이 있다면, 보청기 착용으로 이명이 호전될 수도 있습니다. 하지만 당신이 여기에 해당된다는 것은 알 수 없기 때문에, 의사 및 전문청능사와 상의하여 이명을 개선할 수 있는 방법을 확인해야 합니다.

Q. 보청기를 착용하면 귀(청력)가 좋아질 수 있나요? 아니면 나빠지는 건가요?

A. 보청기는 치료기기가 아니고 보조기기입니다. 그렇기 때문에, 보청기를 착용한다고 해서 청력이 좋아지지는 않습니다. 다만, 보청기 착용으로 청력이 나빠지는 속도는 더디게 할 수 있습니다.

Q. 보청기를 양측에 착용하면 더 잘 들을 수 있나요?

A. 보청기 착용의 원칙은 청력이 떨어진 귀에 보청기를 착용해야 한다는 겁니다. 즉, 양측 다 난청이 있다면, 양측 귀 모두 보청기를 착용해야 합니다. 우리 귀가 두 개인데는 다 이유가 있습니다. 양측으로 소리를 듣게 되면 소리 방향성을 감지하는 능력이 향상되며, 소음이 있는 상황에서 대화할 때 말소리를 구분하는 능력이 향상됩니다. 단, 양이 보청기 착용이 극소수의 사람에게는 도움이 안 될 수도 있습니다. 그러므로 양이 보청기 착용이 본인에게 도움이 될지 여부를 먼저 전문청능사와 상의하기 바랍니다.

| 보청기 관리 |

Q. 보청기의 수명은 어떻게 되나요?

A. 보청기의 평균 수명은 약 5년이지만, 보청기를 잘 관리하면 그 이상도 사용할 수 있습니다.

Q. 보청기 배터리는 얼마나 사용할 수 있나요?

A. 제일 작은 크기의 보청기 배터리(10A)는 하루에 8시간 사용 시, 평균적으로 4~5일까지 사용할 수 있습니다. 비교적 더 큰 크기의 배터리(312A)는 하루 8시간 사용 시, 약 7~10일까지 사용할 수 있습니다.

Q. 보청기를 착용하지 않을 때는 어떻게 보관해야 하나요?

A. 보청기는 물이나 습기에 매우 약합니다. 이러한 이유로, 보청기는 꼭 습기통에 보관하는 것이 바람직합니다. 최근에는 전자식 습기제거기가 출시되어 효과적으로 보청기의 습기를 제거할 수 있습니다.

05

보청기 적응하기

05
보청기 적응하기

　보청기를 착용하기 전에, 난청 성인과 가족들은 다음과 같
은 생각을 할 수도 있다.

　"보청기를 착용하면 바로 잘 들리겠지."
　"요즘은 보청기 기술이 워낙 좋아졌다니, 보청기를 착용하
　면 정상 청력일 때처럼 들리겠지."
　"보청기를 착용하게 되면, 듣지 못해서 힘들었던 문제들이
　다 해결될 거야."

　혹시 여러분도 이처럼 생각하고 있었다면, 보청기를 처음
착용한 순간 당신의 생각이 잘못되었다는 것을 알게 될 것이
다. '첫 술에 배부를 수 없다'는 속담처럼 오랫동안 난청을 경
험한 성인은 일정 시간을 두고 단계적으로 보청기에 적응하는
과정이 있어야 비로소 명료하게 소리를 들을 수 있다(이정학,

1996). 나이 든 성인의 경우, 본인도 알아차리지 못하는 사이에 청력이 서서히 떨어지기 때문에 일상생활에서 꽤 오랫동안 많은 소리를 놓치면서 지냈을 가능성이 크다. 더군다나 상당수의 성인은 청력이 심각하게 나빠진 상태에서 보청기 착용을 결심하기 때문에 보청기로 들리는 소리에 적응하는 시간이 꼭 필요하다.

최근에 보청기 기술이 상당히 발전했지만, 보청기는 당신의 귀를 '정상 청력'인 상태로 만들어 주는 요술을 부릴 수는 없다. 하지만 당신이 보청기를 착용함으로써 가족, 친구, 낯선 이와 대화를 할 수 있으며, 보청기를 통해서 전달되는 지속적인 소리 자극은 당신의 두뇌 기능을 유지하도록 도와 치매 예방에 도움을 줄 수 있다.

단군신화에 등장하는 곰이 쑥과 마늘을 백일 동안 먹고 사람이 된 이야기처럼, 당신이 약 3~6개월 동안 보청기에 잘 적응하게 되면, 지금보다 더 나은 생활을 누릴 수 있을 것이다. 즉, 난청 성인이 처음 보청기를 착용할 때에는 조용한 장소에서 작은 소리부터 듣기 시작하며 점차로 시끄러운 장소에서도 말소리를 들을 수 있도록 적응하는 데 약 3~6개월의 기간이 필요한 것이다. 여기서 전해야 할 안타까운 사실은, 호주에서 진행된 연구 보고에 따르면 난청 노인의 약 24%가 보청기 적응에 실패하며, 이들은 평생 보청기를 착용하지 않고 지낸다는 것이다(Hartley et al., 2010; McCormack & Fortnum, 2013).

이러한 이유로, 선진국에서는 청능사들이 보청기 적응 과정의 중요성을 난청 성인과 가족 구성원들에게 강조하고 있다.

난청 성인의 성공적인 보청기 적응에 영향을 미치는 요인에는 청력, 난청 기간, 언어 능력, 보청기에 대한 긍정적인 인식, 자기 효능감, 가족 구성원의 심리적 지지와 지원 등이 있다(Hickson, Meyer, Lovelock, Lampert, Khan, 2014)(그림 5-1).

[그림 5-1] 보청기 적응에 영향을 미치는 요인

보청기를 착용하는 동안, 가족들이 당신을 응원해 주고 지지하는 것이 무엇보다 중요하다. 그런데 배우자와 자녀들이 당신에게 보청기 적응 기간이 필요하다는 사실을 모르고 있다면? 아마도 당신이 보청기를 착용하자마자 잘 들을 수 있다고 생각하여, "왜 보청기를 끼고도 잘 듣지 못하냐."라는 식으로 당신에게 핀잔을 주거나 짜증을 낼 수도 있다. 이러한 이유로, 당신은 보청기에 대한 모든 정보를 가족 구성원에게 알려 주는 것이 중요하다.

보청기가 당신의 삶을 조금이라도 나은 방향으로 변화시킬 수 있을 거라는 보청기에 대한 긍정적인 기대를 가지는 것도 중요하다. 그리고 당신이 보청기 적응에 실패하지 않을 것이며, 누구보다도 잘할 수 있을 거라는 스스로에 대한 믿음이 필요하다. 앞에서 언급한 최소한 세 가지, 가족의 지지, 보청기에 대한 긍정적인 기대, 자기 효능감을 지닌 채로 보청기를 착용한다면, 당신은 무사히 보청기에 적응할 수 있을 것이다. 이 과정에 당신이 청능재활에 참여한다면, 더 높은 수준의 듣기 능력과 대화 능력을 얻게 될 것이다.

보청기 적응의 궁극적인 목표는 난청 성인이 보청기를 착용한 상태에서 다양한 주파수 대역의 말소리와 환경음을 시끄럽지 않고 편안하게 들으며, 의사소통 상대자와 대화를 잘할 수 있을 정도로 명료하게 들을 수 있도록 하는 것이다. 보청기 적응은 대개 3~6개월 기간을 두며, (1) 환경음에 적응하는 초기 단계, (2) 말소리를 편안하게 듣는 중기 단계, (3) 말소리를 명료하게 듣는 후기 단계로 구분할 수 있다(그림 5-2). 이때, 청능사는 보청기 착용 시점으로 첫 1개월 이내에는 2주 간격, 2~3개월에는 한 달 간격으로 보청기를 조절하며, 보청기 관리 및 보청기 적응을 위한 교육과 상담을 담당한다. 지금부터 보청기 적응 과정에 대해서 세부적으로 살펴보도록 하자.

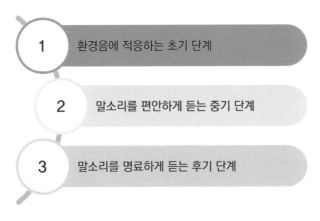

1　환경음에 적응하는 초기 단계

2　말소리를 편안하게 듣는 중기 단계

3　말소리를 명료하게 듣는 후기 단계

[그림 5-2] 보청기 적응 단계

1. 초기 단계: 환경음에 적응하기

보청기를 처음으로 착용하는 시점부터 약 2주 동안의 기간을 보청기 적응을 위한 초기 단계라고 한다. 이 단계에서 당신은 청력에 필요한 증폭량의 약 60~70% 정도를 보청기를 통해 들을 수 있다. 보청기 조절이 당신의 청력에 100%에 맞춰진 것이 아니라도, 난청 성인은 보청기를 통해서 들리는 작은 소리도 상당히 크다고 느끼거나, 크지 않더라도 불쾌하다고 느낄 수 있다. 예를 들면, 보청기를 착용한 상태에서 난청 성인은 냉장고에서 모터가 돌아가는 작은 '웅~' 하는 소리를 크게 들거나 평소에는 거슬리지 않았던 청소기 소리가 시끄럽게 들릴 수 있다. 그리고 물 흐르는 소리, 접시 부딪히는 소리 등과 같은 환경음이 난청 성인에게는 매우 불쾌하게 들릴 수 있다.

여기서 강조하고 싶은 점은 소리에 대한 느낌도 사람마다 다르다는 것이다. 초기 단계에서 약 50%에 해당하는 사람들은 보청기를 통해 듣는 소리가 적당하다고 느낄 수 있지만, 어떤 사람들은 보청기를 통해 듣는 소리가 매우 시끄러워서 잠깐이라도 착용할 수 없다고 말하기도 한다. 이러한 이유로, 청능사는 난청 성인이 보청기를 통해서 듣는 소리에 어느 정도 견딜 수 있는지를 확인해 가면서 보청기를 조절해야 한다.

당부하고 싶은 말은 처음부터 보청기 적응을 빨리 해서 잘 듣겠다는 조바심을 내지 말라는 것이다. 처음에는 집과 같은 조용한 장소에서 환경음을 편안하게 듣는 것을 목표로 보청기에 적응해야 한다. 다시 말해서, 조용한 장소에서 하루에 2~3시간씩 보청기를 착용하면서 소리에 익숙해지는 시간을 가져야 한다.

2. 중기 단계: 말소리를 편안하게 듣기

보청기 조절을 위해 기관을 두 번째로 방문할 때, 당신은 지난 2주 동안 하루에 보청기를 착용한 시간과 보청기로 들리는 소리에 대한 느낌과 경험을 청능사에게 상세하게 이야기해야 한다(그림 5-3). 왜냐하면 당신의 이야기를 토대로 청능사가 보청기를 어느 정도 더 증폭을 할지 결정하기 때문이다. 처음 조절된 보청기로 조용한 곳에서 환경음을 편안하게 잘 들었다면, 청능사는 당신의 청력을 기준으로 대략 70~80%의 소리를 들을 수 있도록 보청기를 조절할 것이다. 반대로 당신이 처음 조절된 보청기로 환경음을 편안하게 듣지 못하였다면, 청능사

[그림 5-3] 난청 성인과 청능사와의 대화가 보청기 조절에 중요하다

는 보청기를 증폭하는 대신에 당신이 편안하게 소리를 들을
수 있도록 보청기의 증폭 양을 줄여 줄 것이다.

중기 단계에서는 난청 성인이 조용한 장소와 시끄러운 장소
에서 모두 말소리를 편안하게 듣도록 하는 것이 중요하다. 난
청 성인은 아주 시끄러운 장소가 아니라면 모든 장소에서 보
청기를 착용하며, 적어도 하루에 6~8시간은 보청기를 착용하
도록 노력해야 한다. 이때, 당신은 지난 2주 동안 시끄럽고 거
슬리던 소리가 점차로 편안하게 들리는지, 자신의 목소리나
울리는 소리 등이 예전보다 작게 들리는지, 그리고 작은 소리
는 작게, 큰 소리는 크게 들리는지 확인해야 한다. 또한 자동
차 소리, 식당에서 사람들이 대화하는 소리, 음악 소리 등이 편
안하게 들리는지도 확인해야 한다. 보청기를 재조절할 때마다
당신은 이러한 정보를 청능사에게 이야기하여, 보청기 조절이
섬세하게 이루어질 수 있도록 해야 한다.

3. 후기 단계: 말소리를 명료하게 듣기

일반적으로 보청기 적응을 위한 초기, 중기 단계는 약 한 달
남짓의 시간이 걸리며, 이후에는 말소리를 명료하게 듣는 것
을 목표로 하는 후기 단계로 접어들게 된다. 후기 단계에서 청
능사는 난청 성인이 말소리와 관련된 모든 주파수의 소리를

잘 들을 수 있도록, 청력 수준의 약 90~100% 정도로 증폭되
도록 보청기를 조절한다.

　후기 단계에 이르면, 당신은 조용한 장소에서는 보청기를
통해서 다양한 말소리를 듣고 이해할 수 있다. 예를 들면, 당
신은 다양한 주파수의 말소리(예, Ling 6 sounds: /음/, /우/, /아/,
/이/, /쉬/, /스/), 일상생활에서 많이 사용하는 단어와 문장을
알아들을 수 있다. 이 단계에서는 청능사나 언어재활사가 당
신이 보청기 착용 전과 후의 듣기 정도가 어떻게 변화하였는
지 평가를 하며, 보청기를 통해 얻는 이득을 확인하여 보완해
야 할 사항이 있는지 점검한다.

　만약 난청 성인의 대뇌에서 청각-언어 정보를 처리하는 영
역이 손상되었을 경우에는 보청기 착용만으로 말소리를 듣
고 이해하는 것에 어려움이 있을 수 있다. 다시 말해서, 보청
기를 통해서 소리는 잘 들리는데, 말소리가 무슨 의미인지 잘
이해가 안 되는 것이다. 이때는 청능재활을 받아서 듣기를 통
한 뇌 기능을 향상할 필요가 있다. 그리고 당신이 보청기 적응
을 잘 마쳤더라도, 텔레비전과 라디오 청취, 시끄러운 장소에
서 여러 사람과 대화하는 것은 여전히 어렵다고 느낄 수 있다
(McCormack & Fortnum, 2013). 이러한 점을 개선하기 위해 보
청기의 첨단 기능(예, 소음을 줄여 주어 말소리가 잘 들리도록 하
는 기능, 말소리 탐지 기능 등)을 사용함으로써 말소리를 좀 더
명료하게 들을 수 있다. 나아가 청능재활에 참여하여 다양한

듣기 전략을 학습하고, 다양한 말소리를 명료하게 들을 수 있도록 훈련을 받아 더 나은 듣기 능력을 성취할 수 있다.

🗨 Q&A

Q. 보청기 조절은 꼭 센터를 방문해야만 할 수 있나요?

A. 보청기에는 여러분이 스스로 조절할 수 있는 기능이 있습니다. 하지만 그 기능은 단순하게 소리 크기를 조절하는 겁니다. 단순히 소리 크기를 조절하는 것만으로는 말소리를 명료하게 들을 수 없습니다. 그렇기 때문에 여러분의 주파수별 청력 손실 정도를 고려하여 섬세하게 보청기 조절이 이루어져야 말소리를 잘 들을 수 있게 됩니다. 그래서 병원이나 보청기 전문 센터를 방문하여 정확히 청력검사를 하고, 일상생활에서의 듣기 상태를 잘 설명하여 보청기를 조절할 것을 권유합니다.

Q. 생활 소음(문 닫는 소리, 접시 부딪히는 소리, 달그락거리는 소리, 물건 놓는 소리 등)이 너무 잘 들려요.

A. 난청이 진행되면, 일상생활 소음부터 안 들리기 시작합니다. 오랫동안 난청으로 인해 생활 소음을 안 듣고 지내다 보니, 보청기를 처음 착용했을 때에는 소음이 유독 더 크게 들리게 됩니다. 생활 소음으로 인한 불편함은 보청기에 적응해 나가면서 점차 사라지게 되니 걱정하지 않으셔도 됩니다.

참고문헌

이정학(1996). 노인성 난청의 보청기 효과. 한국노년학, 16, 151-161.

Hartley, D., Rochtchina, E., Newall, P., Golding, M., & Mitchell, P. (2010). Use of hearing aids and assistive listening devices in an older Australian population. *Journal of the American Academy of Audiology, 21*, 642-653.

Hickson, L., Meyer, C., Lovelock, K., Lampert, M., & Khan, A. (2014). Factors associated with success with hearing aids in older adults. *International Journal of Audiology, 53*, 18-27.

McCormack, A., & Fortnum, H. (2013). Why do people fitted with hearing aids not wear them? *International Journal of Audiology, 52*, 360-368 .

06

보청기 착용 후
듣기 능력

06
보청기 착용 후 듣기 능력

보청기를 착용한 후, 난청과 관련된 문제가 모두 해결될 수 있으면 좋을 텐데 현실은 그렇지 않다. 안타깝게도 보청기는 당신의 귀를 정상 청력으로 만들어 주지 못한다. 당신이 보청기를 통해 말소리를 꽤 잘 알아듣게 되더라도 상황에 따라서는 상대방의 말을 알아듣기 어려울 수도 있다. 보청기의 효과가 우리의 기대와 다르니 보청기를 던져 버리고 예전으로 돌아가야 할까?

나이 든 성인이 난청을 방치한 채로 세월을 보낸다면, 10년마다 단어를 이해하는 능력이 남성은 13%씩, 여성은 6%씩 감소한다(Mills, Schmiedt, & Dubno, 2006). 이런 식으로 세월이 흐르다 보면, 어느 순간부터 당신은 상대방과 대화하는 것을 포기하고 살아야 할지도 모른다. 아직까지는 보청기와 인공와우이식 외에 청력 손실을 치료할 수 있는 방법이 없기 때문에, 우리는 최대한 보청기와 인공와우를 활용하여 일상생활을 만

족스럽게 영위할 수 있는 방법을 찾는 것이 현명할 것이다. 다
행히도 청능사가 당신의 청력 손실 정도를 정확하게 평가하고
청력에 맞추어서 보청기를 적절하게 조절하는 것만으로도 당
신의 듣기 능력은 친숙한 사람과 대화가 가능한 수준으로 향
상될 수 있다.

보청기 착용 후, 듣기 능력은 보청기에 적응하면서 점차로
향상된다. 난청 성인은 보청기를 처음 착용 후 약 3~6개월 안
에 조용한 곳에서 대화 상대자와 원활하게 대화할 수 있다. 난
청 성인의 청력이 비슷하더라도, 보청기 착용 후의 듣기 능력은
사람마다 다를 수 있다. 예를 들면, 어떤 사람은 보청기 적응만
으로도 가족이나 지인과 전화 통화를 하며, 사교모임에서 다른
사람들과의 대화에 참여하기도 한다. 반면에, 어떤 사람들은
조용한 장소에서 가족이나 지인들과 대화하는 것에도 어려움

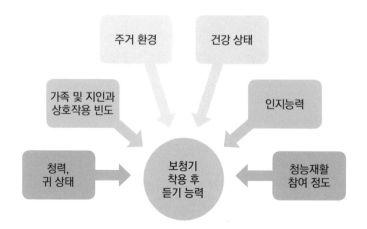

[그림 6-1] 보청기 착용 후 듣기 능력에 영향을 미치는 요소

을 느끼기도 한다.

보청기 착용 후 듣기 능력은 청력과 귀 상태, 가족과 지인들과의 상호작용 빈도, 주거 환경, 건강 상태(예, 시력 저하, 관절염, 치매), 인지능력(예, 주의 집중, 정보처리속도, 기억력), 청능재활 참여 정도에 따라 영향을 받는다(Tye-Murray, 2009)(그림 6-1).

당신의 청력과 귀 건강 상태가 나쁠수록 상대방의 말소리를 알아듣기가 어려워진다. 특히, 우리 뇌는 노화로 인해서 말소리를 이해하는 능력도 함께 떨어지기 때문에 나이 든 난청 성인은 말소리는 들리지만 의미를 이해하는 데 어려움을 느낄 수 있다. 여기서 우리가 주목할 점은 청력 손실을 방치하고 지낼 경우에 뇌의 인지 능력 저하 속도가 빨라질 수 있다는 것이다. 뇌의 노화 정도가 보청기 착용 후의 듣기 능력에 영향을 미치기도 하고, 지속적으로 제공되는 소리 자극이 당신 뇌의 노화 속도를 늦출 수도 있다.

가족, 친구, 지인들과 자주 만나고 감정을 교류하는 것은 당신이 보청기를 오랜 시간 착용하게 만들며, 더 잘 듣고 싶다는 동기를 유발할 수 있다. 난청 성인은 대화에 참여하는 것에 어려움을 겪기 때문에, 가족과 지인들과의 사회적 · 심리적 거리가 점차로 멀어진다. 당신은 카드놀이나 바둑과 같이 비교적 대화가 적게 필요한 활동부터 참여하여 상호작용의 빈도를 유지하거나 늘리기 위한 노력을 할 필요가 있다(그림 6-2). 나아

[그림 6-2] 친밀한 인간관계가 당신의 듣기 능력을 향상한다

가 청능재활에 참여하여 의사소통을 효과적으로 할 수 있는
전략을 배우거나 듣기를 통한 뇌 기능을 활성화할 수 있는 재
활 방법으로 듣기 능력을 향상할 수 있다.

　혹시 당신이 보청기 착용 후 듣기 능력에 대해 비현실적인
기대감을 가지고 있다면, 보청기 착용 후 듣기 상태에 대해 만
족하지 못할 수 있다. 그래서 우리는 보청기 착용 후에 듣기
능력이 어느 정도 향상될 수 있으며, 보청기 이득을 높이기 위
해서 우리가 할 수 있는 노력에는 어떤 것들이 있는지 알아볼
필요가 있다. 이 장에서는 조용한 장소에서 듣기, 전화로 대화
하기, 시끄러운 장소에서 대화하기로 구분하여, 보청기 착용
후의 듣기 능력에 대해서 살펴보도록 한다.

1. 조용한 장소에서 듣기

당신이 보청기 적응에 성공하였다면, 조용한 장소에서 어려움 없이 일대일로 대화할 수 있을 것이다. 예를 들어, 조용한 집안에서 배우자나 자녀와 가까이 앉아서 대화를 나눌 때, 당신은 상대방의 말을 거의 놓치지 않고 대화할 수 있다. 일반적으로 우리는 가족, 친구들과 친숙한 주제로 이야기를 나누는 경우가 많기 때문에 대화에서 사용되는 단어와 문장도 반복적이고 친숙한 경우가 대부분이다. 그리고 우리는 가족과 친구들이 말하는 패턴(예, 말 속도)에도 익숙하다. 이러한 이유로, 당신은 보청기 착용 후에 조용한 장소에서 가족과 친구들과 대화하는 것에는 어려움을 크게 겪지 않는다. 만약, 당신이 조용한 장소에서 대화하는 것에 어려움이 있다면, 보청기에 대한 상담 및 재조절, 청능재활 등의 도움을 받을 필요가 있다.

2. 전화로 대화하기

보청기에 적응이 되고 듣기 능력이 점차로 향상되면서 자연스럽게 전화 통화가 가능한 사람이 있지만, 전화로 간단한 일상생활 문장을 알아듣는 것도 어려운 사람이 있다. 일반적으로 난청 성인이 보청기를 착용하고 전화 통화를 하는 것은 얼굴을 마주보고 대화하는 것보다 훨씬 어렵다. 전화 통화는 대화 상대자, 주제, 주변 소음 유무에 따라서 달라지기 때문에 대화 상대자와 주제가 친숙할수록, 주변에 소음이 없을수록 전화 통화가 수월해질 수 있다. 그리고 한쪽으로 알아듣기가 어려운 경우 스피커폰으로 듣게 되면 조용한 환경에서는 말소리를 쉽게 알아들을 수도 있다.

3. 시끄러운 장소에서 대화하기

일반적으로 노화와 관련된 청력 손실은 고주파수 음역대에 해당하는 소리부터 안 들리기 시작한다. 당신이 노인성 난청을 겪고 있다면, 조용한 장소에서 상대방의 얼굴을 보면서 대화할 때에는 어려움을 크게 못 느끼다가도, 주변에 소음이 있거나 주변이 어두워서 상대방의 얼굴을 잘 볼 수 없을 때에는 상대방의 말을 놓쳐서 대화의 흐름이 종종 끊어질 수 있다(나원도, 김기쁨, 김건구, 이지현, 한우재, 2016).

보청기는 말소리 외에도 환경음도 동시에 증폭시키기 때문에 소음 상황에서는 상대방의 말소리를 알아듣는 데 많은 어려움을 느낄 수 있다. 예를 들면, 당신이 친구와 음식점에 앉아 있다면, 친구의 말소리, 다른 사람들의 말소리, 숟가락 및 젓가락이 그릇에 부딪히는 소리, 음악 소리 등을 보청기를 통해서 듣는다. 이때 주변 소음이 커질수록 난청 성인은 상대방의 말소리를 제대로 알아듣기가 매우 어렵게 된다.

　당신이 시끄러운 장소에서 상대방의 말소리를 더 잘 듣기를 원한다면 난청이 있는 양측 귀에 모두 보청기를 착용하는 것이 도움이 된다. 최근에 나오는 디지털 보청기에는 지속적인 저음역 소리를 소음으로 파악하여 보청기로 들어오는 소음의 크기를 줄여 주는 회로가 있어서, 난청 성인이 말소리를 좀 더 명료하게 들을 수 있다. 또한 다양한 종류와 강도의 소음 상황에서 실시하는 청능재활에 참여하여, 의사소통 전략을 학습하는 것도 좋은 방법이 된다.

💬 Q&A

Q. 보청기를 착용하면, 예전과 같이 들을 수 있나요?

A. 혹시 '예전과 같이 들을 수 있다'는 의미가 정상 청력이었던 때를 말씀하시는 건가요? 그렇다면 보청기를 착용해도 예전처럼 들을 수는 없습니다. 다시 말하면, 난청 성인이 보청기를 착용하더라도 정상 청력과 같은 상태로 소리를 들을 수는 없다는 겁니다. 현재의 보청기 기술은 당신의 귀를 정상 청력과 똑같은 상태로 만들어 줄 만큼 개발되어 있지는 않습니다.

무엇보다 난청은 당신이 모르는 사이에 서서히 진행되는 경향이 있어서, 이 기간 동안 청각-언어 정보를 처리하는 뇌의 인지 능력도 함께 떨어지게 됩니다. 이러한 이유로, 난청 성인이 보청기를 착용해도 정상 청력 상태로 들을 수는 없습니다. 여러분의 청력 손실 정도가 심하지 않고, 난청 진행 기간이 비교적 짧고, 청각-언어 정보를 처리하는 뇌의 기능이 양호하다면, 보청기를 착용하고서 정상 청력을 지닌 사람과 비슷한 수준까지 들을 수 있습니다. 이와 같은 조건에 해당되지 않는 분이라도 적절한 보청기 조절과 적응, 개인 맞춤식 청능재활의 도움으로 보청기 착용 후 상당히 만족할 만한 수준으로 듣기가 가능해질 수 있습니다.

Q. 시끄러운 식당에서 대화를 할 수 없어요. 주변의 소음만 크게 들리고 바로 앞에서 말하는 사람의 소리는 잘 안 들려요.

A. 정상 청력 성인도 시끄러운 장소에서는 상대방의 말을 종종 놓치곤 합니다. 난청 성인은 보청기를 착용하더라도 정상 청력 성인에 비해 소음 상황에서 말소리를 알아듣는 능력이 떨어지게 됩니다. 소음 상황에서 상대방의 말을 잘 알아듣기 위해서는 난청이 있는 양측 귀에 보청기를 모두 착용하는 것이 좋습니다. 우리의 귀는 양측으로 소리를 들어야 소음 속에서도 말소리를 구분할 수 있는 능력이 생깁니다. 그리고 보청기를 잘 조절한 후에도 시끄러운 장소에서 말을 잘 알아듣기 위해서는 상당한 적응 시간이 필요하다는 것을 아셔야 합니다. 보청기로 듣는 소리는 난청 성인이 정상 청력일 때에 듣던 소리와는 차이가 나기 때문에 우리 뇌는 변화된 소리에 적응할 시간이 필요합니다. 조용한 장소에서 말소리를 잘 듣는 데 보통 3~6개월 정도 소요되지만, 시끄러운 장소에서 말소리를 듣는 데는 1년이 넘는 시간이 필요할 수도 있습니다. 최근에는 보청기 기술의 발전으로 주변의 소음을 줄여 주는 기능을 설정할 수 있지만, 궁극적으로 우리 뇌가 소음 속에서 말소리를 잘 구분하는 데에는 충분한 시간과 청능재활이 필요하다고 할 수 있습니다.

참고문헌

나원도, 김기쁨, 김건구, 이지현, 한우재(2016). 배경 소음
    및 말속도 변화에 따른 난청 노인의 문장인지도 오류:
    사례분석을 중심으로. 청능재활, 12, 280-288.

Mills, J. H., Schmiedt, R. A., & Dubno, J. R. (2006). Older
    and wiser, but losing hearing nonetheless. *Hearing
    Health, Summer*, 12-19.

Tye-Murray, N. (2009). *Foundations of aural
    rehabilitation: children, adults, and their family
    members.* Singular: San Diego.

07

의사소통
개선을 위한 팁

1. 집 안(조용한 장소)
2. 음식점, 쇼핑몰, 시장과 같은 시끄러운 장소
3. 전화 통화

07
의사소통 개선을 위한 팁

당신이 보청기 적응을 무사히 마쳤다면, 지금부터는 가족, 친구, 낯선 사람들과 의사소통을 잘할 수 있는 방법 혹은 전략을 배울 필요가 있다. 여기서는 듣기 상황별로 의사소통을 잘하기 위한 방법과 전략을 (1) 환경 개선, (2) 대화 참여자의 노력, (3) 테크놀로지 이용 그리고 (4) 청능재활의 측면에서 안내하겠다.

1. 집 안(조용한 장소)

집에서 가족들과 대화하는 것은 가장 친숙한 상황이라 할 수 있다. 무엇보다 집 안에서는 듣기에 방해가 되는 요소들을 조정하기가 쉽기 때문에 집 안에서의 대화는 난청 성인에게 가장 쉬운 난이도에 해당한다.

1) 환경 개선

당신이 가족들과 이야기를 나눌 때는 텔레비전, 라디오, 세탁기 등의 전자기기를 잠시 끄도록 하자. 주변 소음을 제거하여 가족들과 쉽게 대화할 수 있다(그림 7-1).

[그림 7-1] 소리 나는 전자기기는 끄고 대화하자

2) 대화 참여자의 노력

우리가 가장 흔하게 하는 실수 중의 하나는 집 안에서 다른 공간에 있으면서 다른 사람에게 대화를 시도하는 것이다. 예를 들면, 당신은 거실에 있고 아내는 안방에 있는 상태에서 이야기를 주고받으려고 하는 것이다. 이때 당신은 가족들에게 얼굴을 마주볼 수 있는 거리에 있을 때 서로 대화를 했으면 좋겠다고 말해야 한다. 이렇게 함으로써 당신은 중요한 이야기를 놓치지 않을 수 있고, 혹시 대화를 놓치더라도 다시 말해 줄 것을 자연스럽게 요구할 수 있게 된다.

당신이 말할 때 텔레비전이나 라디오를 끄고 얼굴을 마주볼 것을 가족한테 요구하였다면, 가족들이 당신에게 말을 걸 때도 그 규칙을 따르는 것이 좋다. 즉, 당신이 텔레비전을 보고 있는 상황에서 아내가 말을 건다면 당신은 잠시 텔레비전을 끄고 아내의 얼굴을 쳐다보면서 대화를 해야 한다. 아내가 안방에서 당신에게 무언가를 말하려고 한다면 안방으로 이동하여 아내의 말을 들을 필요가 있다. 당신과 가족 모두 서로의 소통을 위해서 노력하는 모습을 보여 준다면, 가족들도 당신과의 친밀감을 유지하기 위해서 노력할 것이다.

3) 테크놀로지

집 안에서도 보청기를 착용해야 한다. 많은 사람은 집을 쉬는 곳이라고 생각하기 때문에 좀 더 편안한 상태로 있기를 원한다. 이러한 이유로, 상당수의 난청 성인은 집에서는 보청기를 착용하지 않고 지내는 경우가 있다. 이는 반드시 고쳐야 할 잘못된 습관으로, 집에서도 보청기를 착용해야 한다. 그리고 당신이 텔레비전을 보는 것을 즐긴다면 텔레비전 커넥터 기능을 이용하여 보청기로 좀 더 명료하게 소리를 들으면서 텔레비전을 시청할 수 있다(그림 7-2).

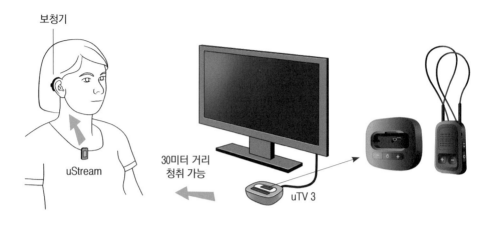

보청기

uStream

30미터 거리
청취 가능

uTV 3

[그림 7-2] 보청기 액세서리

출처: https://www.phonak.com

4) 청능재활

집 안과 같은 조용한 장소에서 잘 듣기 위해서는 당신도
모르게 형성된 잘못된 대화 습관을 개선하는 것이 중요하다
(Jessen, 2013). 앞서 설명한 대로 주변 소음을 제거하거나 줄이
기, 대화 상대자 쪽으로 이동하여 얼굴을 보면서 대화하는 방
법을 적극적으로 사용해야 한다. 처음에는 신경을 써서 노력
해야 한다. 약 한 달의 시간 동안 잘못된 습관을 없애기 위해
서 노력해 보도록 하자. 그러면 당신도 알지 못하는 사이에 자
연스럽게 좋은 대화 습관이 형성되어 있을 것이다.

일반적으로는 보청기 적응 후, 당신은 집 안과 같은 조용한
상황에서 일대일로 대화를 할 때는 약 90~100% 정확하게 상

대방의 말을 이해할 수 있다. 하지만 당신이 보청기를 착용하지 않고 난청을 방치한 채로 오랜 시간이 흘렀다면, 나이가 들면서 겪게 되는 인지 기능 저하, 즉 뇌의 기능 저하가 가속화된 상태일 수도 있다. 다시 말해서, 청력 손실과 인지 기능의 저하로 인해 다른 사람이 말한 단어와 문장을 빠르고 정확하게 이해하는 능력이 떨어질 수 있다. 이러한 경우는 자신의 일상생활 패턴에 맞추어진 맞춤형 청능재활을 받는 것이 필요하다. 즉, 친숙한 단어와 문장 이해하기, 질문에 대답하기 등을 목표로 하는 청능재활이 당신의 듣기 뇌를 활성화하는 데 도움을 줄 수 있다(Olson, 2015).

2. 음식점, 쇼핑몰, 시장과 같은 시끄러운 장소

난청 성인은 보청기를 착용하여도 시끄러운 장소에서 상대방의 말을 알아듣기가 힘들다고 호소한다. 사실, 정상 청력 성인도 다양한 소음이 발생되는 음식점, 쇼핑몰, 시장과 같은 장소에서 대화하기란 쉽지 않다. 더군다나 외부 장소에서는 당신이 마음대로 주변의 소음을 줄이거나 제거할 수 없다. 그렇다면 우리가 할 수 있는 건 아무것도 없을까? 아니다! 다음과 같은 시도를 해 보자.

1) 환경 개선

당신이 직접 장소를 선택해 보자. 예를 들어, 당신이 가족, 친구와 외식할 계획이 있다면, 조용하면서 테이블마다 장소가 분리되어 있는 음식점을 선택해 보자. 이왕이면 음식점 입구나 주방에서 떨어져 있는 구석진 자리를 부탁하라. 그러면 좀 더 조용한 상태에서 상대방의 얼굴을 보면서 대화할 수 있을 것이다.

당신이 약속 시간을 선택해 보자. 어느 장소를 가든 사람들이 몰려 붐비는 시간대가 있다. 가급적 이 시간대를 피해서 약속을 정한다면, 주변 소음이 줄어든 상태에서 가족이나 친구들과 이야기를 나눌 수 있을 것이다.

2) 대화 참여자 노력

시끄러운 장소에서도 당신을 포함한 가족과 친구들이 함께 즐거운 시간을 보내기 위해서는 서로 간에 해야 할 노력이 있다 (Jessen, 2013).

대화 상대방

• 난청 성인이 조용한 상황에서 비교적 대화를 잘한다고 하더라도, 소음 상황에서는 말을 알아듣기가 매우 어렵다는

것을 알고 있어야 하며, 덜 혼잡하고 조용한 장소와 시간 대를 선택하는 이유를 이해해야 한다.

- 대화 상황에서 난청 성인이 말을 잘 이해하고 있는지 확인한다. 예를 들면, 친구 한 명이 여행 다녀온 이야기를 하고 있다면, 가족이나 친구는 "남해 여행을 다녀왔다네."라는 식으로 난청 성인에게 확인시켜 줌으로써 중요한 이야기를 놓치지 않도록 해 주면 좋다.

- 가급적 서로의 얼굴을 잘 볼 수 있는 자리를 선택하여, 난청 성인이 상대방의 얼굴 표정, 입 모양 등의 시각 단서를 활용하여 대화에 참여할 수 있도록 해야 한다.

난청 성인

- 시끄러운 장소에서 상대방의 말을 알아듣기가 힘들더라도, 사랑하는 가족과 친구들과 함께하는 시간을 즐거워하는 마음을 가져야 한다. 즉, 가족이나 친구는 당신과 즐거운 경험을 함께하기 위해서 음식점, 쇼핑몰과 같은 장소에 가는 것이다. 당신을 괴롭게 만들기 위해서가 아니라는 점을 꼭 알아야 한다.

- 최대한 당신 앞에 앉아 있는 가족과 친구의 이야기에 집중해 보도록 한다. 물론, 주변에서 들리는 다른 사람들의 말소리, 그릇 부딪히는 소리 등의 소음이 들리겠지만, 당신 앞에 있는 사람들에게 집중해 보도록 하자. 당장은 어렵

게만 느껴지더라도 조금씩 시끄러운 장소에서도 다양한
단서를 활용하면서 대화에 즐겁게 참여하는 자신을 만나
게 될 것이다.

3) 테크놀로지

요즘에는 대부분의 보청기에 주변 소음을 줄여 주는 기능이
있어서, 당신이 보청기 버튼을 누르거나 리모컨을 이용하여
주변에서 들리는 소음을 작게 들리도록 할 수 있다. 이 기능만
으로 소음 상황에서 말소리를 알아듣는 능력이 크게 높아지는
것은 아니다. 하지만 당신이 이 기능을 유용하게 잘 이용한다
면, 소음 상황에서 좀 더 편하게 이야기를 나눌 수 있다. 예를

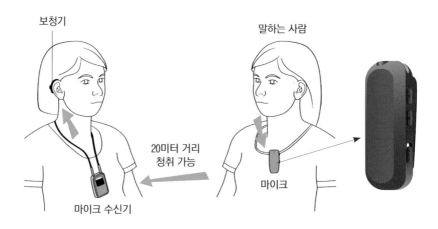

[그림 7-3] 유마이크(uMic)

출처: www.hansaton.com

들어, 유마이크(uMic)와 같은 무선 액세서리를 이용하면, 당신
은 시끄러운 장소에서 상대방의 말소리를 좀 더 잘 알아들을
수 있다(그림 7-3).

4) 청능재활

국내외 많은 전문가는 소음 상황에서 보청기나 인공와우를
착용한 성인의 듣기 능력을 향상하기 위한 방법에 대한 관심
이 높다. 개선안에는 주변 소음을 줄이고 말소리의 강도를 높
이기 위한 보청기 프로그램, 방향성 마이크 사용 등이 있지만,
무엇보다 청능재활을 통해서 당신이 소음 속에서도 말소리를
잘 들을 수 있도록 듣기 뇌 기능을 향상하는 것이 중요하다.
많은 연구에서 난청 성인에게 소음 상황에서의 듣기 능력 향
상을 목표로 하는 청능재활이 효과가 있다고 보고하였다(나원
도 외, 2016; 여성희, 방정화, 이재희, 2014). 다양한 유형과 강도
의 소음 상황에서 단어, 문장을 이해하는 능력을 향상할 수 있
는 다양한 청능재활 활동에 참여해 보라! 다양한 듣기 상황에
서 이야기를 듣고 질문에 대답하거나, 상대방과 다양한 주제
로 대화하는 연습을 해 볼 수 있다.

3. 전화 통화

전화 통화는 상대방의 얼굴을 볼 수 없기 때문에 얼굴 표정, 입 모양 등의 시각 단서를 활용할 수 없다. 전화 통화는 온전히 쌍방의 전화기로만 말소리를 주고받아야 하므로 약간의 소음이 깔린 채로 대화를 주고받는 것과 같은 상황이 된다. 이러한 이유로 난청 성인은 보청기를 착용하더라도 전화로 대화하는 것은 얼굴을 마주보고 대화하는 것보다 어렵게 느껴진다. '밑져야 본전'이라는 말처럼 눈 딱 감고 다음에 소개해 주는 방법들을 시도해 보자! 그러면 알게 될 것이다. 이렇게 쉬운 방법으로 전화 통화가 즐거워질 수 있다는 것을 말이다.

1) 환경 개선

당신이 전화 통화를 잘하고 싶다면 휴대전화보다는 유선전화(집 전화)를 이용해 볼 것을 권유한다. 유선전화는 휴대전화보다 말소리를 명료하게 전달하기 때문에 전화 통화가 훨씬 수월해질 것이다. 가급적이면 조용한 장소로 이동하여 전화를 받도록 한다.

2) 대화 참여자의 노력

　전화 통화 시 상대방과 다음과 같은 방법을 사용한다면 전
화 통화를 성공적으로 할 수 있을 것이다(De Sousa et al., 2014;
Ihler et al., 2017; Jesson, 2013).

- 상대방에게 입을 최대한 전화기에 가까이 대고, 천천히 그
  리고 또박또박 말해 달라고 부탁한다.

  ➡ "빠르게 말씀을 하시면 제가 알아들을 수 없습니다. 천
  천히 말씀해 주세요."

- 전화 통화 시에는 중요한 정보를 놓칠 수 있기 때문에 상
  대방에게 들은 말을 다시 반복해서 말함으로써 전화 통화
  를 잘하고 있는지 확인할 필요가 있다. 예를 들면, 당신이
  상대방과 나눈 대화 내용 중에서 약속과 관련된 이야기가
  있었다면 "이번 주 토요일 6시에 내가 ○○ 씨 집 앞으로
  가면 되지요?"라고 반복해 말함으로써 당신이 상대방의
  말을 제대로 알아들었는지 잘못 알아들었는지 확인할 수
  있다.

  ➡ "제가 정확하게 들었는지 다시 말해 볼게요. 우리 약속
  이 이번 주 토요일 6시가 맞나요?"

• 상대방에게 '예.' 혹은 '아니요.'로만 대답해 달라고 해서 내가 들은 정보를 확인해 볼 수 있다. 예를 들면, 당신이 "6시에 만나는 거지요?"라고 상대방에게 묻고, 상대방이 '예.' 혹은 '아니요.'라고 대답하게 하는 것이다.

➡ "우리 약속 시간이 6시가 맞는지 '예', '아니요'로 대답해 주세요."

3) 테크놀로지

요즘 가장 주목받고 있는 전화 통화 관련 테크놀로지는 보청기와 휴대전화를 무선으로 연결하여 사용할 수 있는 블루투스이다. 블루투스는 휴대폰, 이어폰, 노트북, 태블릿 피시(PC) 등의 휴대용 기기를 서로 무선으로 연결하여 정보를 교환하는 근거리 무선 기술이다. 나아가 블루투스를 이용해 보청기와 휴대전화를 바로 연결하여, 휴대폰을 손에 잡지 않아도 보청기를 통해서 편리하게 통화할 수 있다. 유스트림(Ustream)과 같은 무선 중계기가 있어 보청기와 전화기를 무선으로 연결하여 청취하는 것이 가능한 기기가 있으며, 최근에는 아무런 중계기 없이 곧바로 보청기와 전화기가 무선으로 연결되는 블루투스 기능이 탑재된 보청기도 출시되어 있다.

당신이 편하게 잘 이용할 수 있는 방법 중 하나가 영상통화이다. 요즘은 남녀노소에 상관없이 많은 사람이 컴퓨터, 휴대

전화 등을 이용하고, 생생한 통화를 위해서 영상통화를 많이 한다. 영상통화를 이용하여 당신은 상대방의 얼굴 표정, 입 모양 등을 볼 수 있어서 훨씬 자연스럽고 편하게 대화를 할 수 있다.

4) 청능재활

전화 통화를 목표로 하는 청능재활은 난청 성인의 듣기와 대화 능력에 긍정적인 효과를 미친다. 여러분은 쉬운 난이도에서 어려운 난이도로 전화 통화를 연습하여 듣기 능력을 향상할 수 있다. 다음과 같은 내용으로 청능재활을 실시할 수 있으니 참고하기 바란다.

- 휴대폰의 스피커와 보청기의 마이크 위치를 잘 조절해서 전화 통화를 시도해 보자. 요즘은 휴대폰의 모양과 크기가 다양하기 때문에 당신은 휴대폰의 스피커가 어디에 위치하는지 먼저 확인해야 한다. 또한 보청기에 따라서 마이크의 위치가 다르기 때문에 당신이 착용한 보청기의 마이크 위치가 어디인지도 확인한다(그림 7-4).

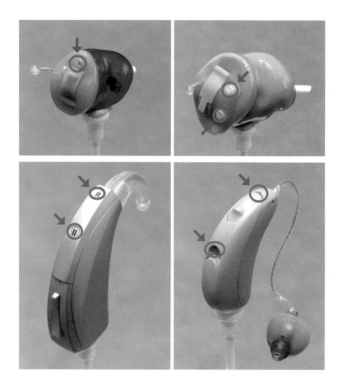

[그림 7-4] 보청기 유형별 마이크 위치

• 본격적인 전화 통화 연습에서는 다음과 같이 진행할 수
  있다(Tye-Murray, 2009).
  – 목소리만 듣고 누군지 알아맞히기
  – 간단하고 쉬운 단어나 문장 알아듣기
  – 간단한 질문에 대답하기: '예-아니요' 대답을 요구하는
    질문부터 시작한다.
  – 대화 내용과 관련된 자료(예, 글, 그림, 사진 등)를 제시한
    상태에서 대화 주고받기

- 대화 주제 유지하기: 문장 문맥 이용하는 전략을 연습
  한다.
- 대화 전략 배우기(예, 반복하기, 명료화 요구하기 등)
- 소음 상황에서 전화 통화하기

💬 Q&A

Q. 일반적인 대화는 잘되는데, 전화 받을 때는 오히려 보청기를 빼고 받는 것이 더 잘 들립니다. 이러한 경우는 보청기 효과가 없어서인가요?

A. 지금까지 여러분이 보청기를 착용하고 전화로 대화를 잘할 수 없었다면, 아마도 두 가지 이유였을 가능성이 큽니다.

첫째, 보청기에 전화 모드 설정이 안 되어 있을 수 있습니다. 이러한 경우는 청능사를 통해서 보청기를 재조절하게 되면, 지금보다 전화 통화를 더 편안하게 할 수 있을 겁니다.

둘째, 여러분이 전화를 받으실 때, 전화기를 보청기에 밀착시켜서 받으셔서, 전화 통화가 어려웠을 수 있습니다. 보청기에 전화기를 바짝 붙이게 되면, 전화기를 통해 들어오는 말소리의 증폭이 감소되거나 보청기에서 '삐~' 하는 소리가 발생하여 전화 통화를 잘할 수 없습니다. 그러므로 전화기를 귀에서 10cm 정도 떨어뜨려서 전화를 받는 것이 올바른 방법입니다.

이렇게 해도 전화 통화가 어렵다면, 보청기를 양측에 착용한 상태에서 스피커폰으로 전화를 받으시면 말소리를 잘 알아들을 수 있습니다.

참고문헌

나원도, 김기쁨, 김건구, 이지현, 한우재(2016). 배경 소음
및 말속도 변화에 따른 난청 노인의 문장인지도 오류:
사례분석을 중심으로. 청능재활, 12, 280-288.

여성희, 방정화, 이재희(2014). 보청기 착용자를 대상으로
문장을 이용한 소음 하 청능훈련의 효과에 관한 연구.
청능재활, 10, 65-75.

De Sousa, A. F., De Carvalho, A. C. M., Couto, M. I. V.,
Tsuji, R. K., Goffi-Gomez, M. V. S., Bento, R. F. et
al. (2014). Telephone usage and cochlear implant:
auditory training benefits. *International Archives of
Otorhinolaryngology, 19*, 269-272.

Ihler, F., Blum, J., Steinmetz, G., Weiss, B. G., Zirn, S., &
Canis, M. (2017). Development of a home-based
auditory training to improve speech recognition on
the telephone for patients with cochlear implants: A
randomised trial. *Clinical Otolaryngology, 42*, 1303-
1310.

Jessen, D. A. (2013). *Frustrated by hearing loss? 5 keys
to communication success.* CO: Cut to the Chase
Communication.

Olson, A. D. (2015). Options for auditory training for
adults with hearing loss. *Seminars in Hearing, 36*,
284-295.

Tye-Murray, N. (2009). Foundations of aural rehabilitation: Children, adults, and their family members. Singular: San Diego.

08

즐겁게 생활하기

08
즐겁게 생활하기

난청은 수년에 걸쳐서 서서히 진행되기도 하고, 생명과 건강에 미치는 영향이 크지 않아서 당사자와 가족 모두 난청을 대수롭지 않게 여기는 경향이 있다. 난청은 늙어 가는 과정에서 겪을 수 있는 증상 중 하나이지만, 소리를 듣지 못하는 고통은 우리의 상상을 초월한다. 그럼에도 불구하고 난청 성인 당사자는 난청으로 인한 불편함을 가족에게 이야기하지 않는 경우가 많다.

당신이 난청을 겪고 있다면, 많은 사람이 모이는 공공장소나 병원 등을 방문할 일이 생길 때, 상대방이 말하는 내용을 알아듣기가 어렵다고 느낄 것이다. 이때 상대방은 당신에게 내용을 전달하기 위해서 단순히 목소리를 높일 것이다. 당신이 친절한 사람만을 만난다면 다행이지만, 그렇지 않을 경우에는 용을 써 가면서 이야기하고 있는 사람의 모습에 미안해지기도 하고 기분이 나빠지기도 한다. 성년이 된 자녀가 당신과 항상

함께할 수 없기 때문에 일상생활과 관련된 일들을 스스로 처
리를 해야 하는데, 상대방의 말을 잘 알아듣지 못하여 작은 오
해가 발생하기도 하고 때로는 손해를 경험하기도 한다. 또한
당신이 기존에 참여했던 사회 모임에 계속 참여하고 싶어도,
난청으로 인한 의사소통의 어려움으로 두려움을 느낄 수도 있
다. 이처럼 난청은 단순히 신체적 불편함에만 그치는 것이 아
니고, 당신의 정신건강, 심리사회적 영역에도 영향을 미친다
(고영혜, 박명화, 2017).

인류 역사상 유례없는 100세 시대를 맞고 있는 요즘, 우리
가 어떻게 살아야 행복할지에 대해서 고민해 볼 필요가 있다.
중국 춘추시대 때 쓰인 서경에서 꼽은 인간의 오복 중 네 가지

[그림 8-1] 나이 든 성인이 즐겁게 생활하기 위한 방법

는 '잘 늙어가는 기술'과 관련이 있다고 하였다. 백세 시대를 맞이하여, 우리가 어떻게 살아야 행복할지에 대해서 지금부터 이야기를 해 보려고 한다. 여기서는 복잡한 이야기는 접어두고, 어떻게 하면 지금보다 즐겁게 생활할 수 있는지에 대해서 이야기해 보려고 한다.

1. 보장구 적극 사용하기

나이가 들면, 자연스럽게 청력, 시력, 치아 상태가 나빠진다. 어떤 사람들은 이러한 현상을 자연스럽게 받아들여서 불편함을 해소하기 위한 조치를 취하지 않기도 한다. 무엇보다 당신의 일상생활 안전을 위해서 보청기와 안경을 착용하는 것은 매우 중요하다. 혹여 앞을 잘 보지 못하여 넘어지거나 소리를 듣지 못하여 안전사고가 발생할 수도 있기 때문이다. 그리고 치아 상태가 나쁜 경우에는 음식 섭취를 제대로 할 수 없어서 신체 건강에 안 좋은 영향을 미칠 수 있으므로, 필요하다면 의치도 착용하도록 한다. 우리의 건강과 안전을 위해서 개발된 보청기, 안경, 의치와 같은 보장구를 잘 활용하여 건강하고 즐겁게 살아갈 필요가 있다.

2. 알아차림

알아차림, 그 자체가 우리를 행복하게 만들 수 있다. 알아차림은 우리의 삶에서 현재 일어나고 있는 중요한 내부와 외부 현상을 피하거나 방어하지 않고, 있는 그대로 느끼고 체험하는 것을 말한다. '난청이 있는 나', '보청기를 착용하고 있는 나'를 바라보는 관점을 좀 더 객관화할 필요가 있다. 나를 바라보는 관점을 바꾸어 보자!

- 예전의 상태(정상 청력)에 집착하지 않는 나
- 조바심 내지 않고 보청기에 적응해 가는 나
- 난청이 있지만, 보청기를 착용하여 가족과 친구들과 이야기를 나눌 수 있는 나
- 여러 의사소통 전략을 배워서 대화를 시도해 나가는 나

알아차림은 종교생활, 명상, 조용한 길이나 숲 산책하기, 공원 벤치에서 앉아서 쉬기 등과 같은 활동을 통해서 가능하다. 나를 알아차리기 위해서 너무 애쓰지 않아도 괜찮다. 그러한 생각을 해 본 것, 그러한 시도를 해 본 것만으로도 마음이 편안해질 수 있을 것이다.

3. 건강 관리

　나이 든 성인의 경우, 신체적 노화와 질병이 진행되면서, 건강 상태가 더욱 취약해지기 쉽다. 노년의 질병은 일상생활과 관련된 기능을 저하시킴으로써 삶의 질까지 떨어지게 한다. 결국 다른 사람의 도움이 있어야 일상생활 영위가 가능한 상태가 되면 급기야는 사회경제적 문제까지 동반될 수 있다.

　보건복지부에서 실시한 실태조사 결과를 살펴보면, 나이 든 성인에게서 우울증, 운동 부족, 하루 5시간 이상의 과도한 텔레비전 시청, 영양 상태 등이 문제로 대두되었다. 그러므로 당신이 즐겁게 생활하기 위해서는 건강 관리가 중요하며, 당신과 가족은 건강 유지를 위한 예방 활동에 대한 관심을 가져야 한다.

- 금연, 절주, 체중 관리
- 운동 및 생활습관 교정
- 예방접종
- 일반 정기검진: 암, 심혈관계질환, 고혈압, 골다공증, 복부 대동맥류 검사 등
- 인지 기능 평가

건강 유지를 위해서 노력을 했음에도, 질병에 걸렸을 때에
는 적절한 치료와 약물 복용을 하여 건강을 다시 찾을 수 있도
록 해야 한다. 뭐든 혼자서 할 때는 여러 가지를 잘 챙기는 것
이 힘들 수 있으니, 가족과 친구와 함께 건강 유지를 위한 다양
한 활동과 프로그램에 참여하는 것도 좋은 방법이 될 것이다.
최근에는 지역사회에 있는 복지관이나 도서관에서 나이 든 성
인의 신체적 · 정신적 건강을 유지 및 향상하기 위한 다양한
프로그램을 운영하고 있으니 참여해 볼 것을 권유한다.

4. 행복 연습

많은 사람은 행복하게 살고 싶어 한다. 모든 사람이 행복을
목표로 살지는 않더라도, 불행하게 살기를 원하는 사람은 아
마도 없을 것이다. 행복은 간절히 원한다고 가질 수 있는 것은
아니다. 하지만 당신이 '잘 사는 것'을 목표로 살아가고 있다
면, 행복은 자연스럽게 따라올 수 있다. 요즘에는 사람들이 '행
복 능력'이라는 용어를 사용하기 시작하였다. 행복에도 노력
이 필요하고, 자전거를 타는 방법을 배우는 것처럼 연습과 훈
련이 필요하다는 것이다. 우리가 일상에서 느끼는 행복은 주
로 활동을 통해서 얻는 경우가 많기 때문에 행복 능력을 키우
기 위해서는 다음과 같이 시간 활용을 잘하는 것이 필요하다.

- 가족과 친구들과 즐거운 활동을 하면서 보내는 시간을 늘리라. 보청기를 착용하고 지속적으로 가족과 친구들과 대화하라. 우리가 맺을 수 있는 다양한 관계로부터 스스로를 고립시키지 않도록 해야 한다.

- 문화, 레저, 봉사 활동에 참여하라. 이러한 활동들은 건강, 자아존중감에 긍정적인 영향을 미쳐서 당신을 행복하게 만들 것이다.

- 텔레비전 보는 시간을 줄이라. 텔레비전은 우리에게 다양한 정보를 제공하고 즐거움을 주지만, 이를 통해서 얻는 즐거움은 다른 활동에 비해 낮다. 불행하게도 우리나라 나이 든 성인은 대부분의 시간을 텔레비전을 보는 데 사용하고 있다.

참고문헌

고영혜, 박명화(2017). 노인의 주관적 청각장애와 지각된
    스트레스가 의사소통 삶의 질에 미치는 영향. 성인간
    호학회지, 29, 496-504.

부록
정부 지원 관련 내용

1. 보청기 보장구 지원 내용

성인의 경우, 개인의 경제적 여건에 따라서 지원 금액이 결정되며, 세부적인 지원 금액은 다음과 같다. 단, 보청기 보장구 지원을 받기 위해서는 난청 진단을 받은 상태여야 한다.

▣ 보청기 급여제도

	일반건강보험대상자	기초생활수급자
보청기	81만 9천 원(90%)	91만 원(100%)
초기 적합관리	18만 원(90%)	20만 원(100%)
후기 적합관리	18만 원(90%)	20만 원(100%)

출처: 국민건강보험공단(2020).

- **초기 적합관리**: 보청기를 구매한 후 한 달 동안 자신의 청력 수준에 맞도록 보청기를 조절하는 과정을 말한다.
- **후기 적합관리**: 보청기 구매 후 1년이 지난 후, 4년 동안 정기적으로(평균 1년에 1번) 보청기 조절 및 청력 검사를 통해서 자신의 청력 변화에 따라 보청기를 조절하는 과정을 말한다.

※ **보청기 보장구 지원금 신청 방법**: 보청기 보장구 지원 사항은 조금씩 변동이 있으므로, 보청기 구입 센터 혹은 주민자치

센터에 방문해서 알아보기를 권유한다. 단, 해당 지원금은 보청기 구입 후 신청할 수 있다.

2. 인공와우 수술 지원 내용

대상자의 청력, 말지각, 의사소통 수단을 고려하여 인공와우수술에 대한 지원이 결정된다.

양측 70dB 이상의 난청 환자로서 보청기를 착용한 상태에서 단음절어에 대한 어음 변별력이 50% 또는 문장언어평가가 50% 이하인 경우에 인공와우 수술 대상자에 해당됨. 단, 수술 후 의사소통 수단으로 인공와우를 사용하지 못할 것으로 예상되는 경우는 제외됨.

출처: 건강보험심사평가원(2017).

▣ 인공와우 건강보험 인정 기준 및 시술 비용 현황

구분		지원
편측시술	인공와우 개수	내·외부장치 1개 및 외부장치 1개 추가 인정
	환자 부담	약 240~540만 원
양이시술	인공와우 개수	내·외부장치 2개 (외부장치 추가 제외)
	환자 부담	약 400만 원

출처: 건강보험심사평가원(2017).

참고문헌

건강보험심사평가원(2017). (행위, 치료재료) 고시 제
2017-15호, 요양급여의 적용기준 및 방법에 관한 세
부사항. 2020. 12. 29 검색, http://www.hira.or.kr/
bbsDummy.do?pgmid=HIRAA020002000100&brdSc
nBltNo=4&brdBltNo=6326.

국민건강보험공단(2020). 실무자가 알려주는 보청기 급여
제도. 2020. 12. 29 검색, https://blog.naver.com/
nhicblog/222033443099.

| 찾아보기 |

| 저자 소개 |

이영미 Youngmee Lee

이화여자대학교 일반대학원 언어병리학 석사, 박사
동아대학교 이비인후과 언어청각장애진료실 언어재활사 역임
현 이화여자대학교 대학원 언어병리학과 교수
　　한국언어청각임상학회, 한국보완대체의사소통학회 이사

박성일 Sungil Park

한림대학교 일반대학원 청각학 석사, 박사
우송대학교 언어치료청각재활학과 교수 역임
독일 Hansaton 보청기 아시아지사장 역임
현 ㈜가나안보청기, 박성일 청각재활센터 대표원장
　　동명대학교 언어치료청각학과 외래교수

우리가 모르는 난청

나이 든 성인을 위한 난청 길라잡이

A Comprehensive Guide to Hearing Loss for Older Adults

2021년 2월 25일 1판 1쇄 인쇄
2021년 3월 1일 1판 1쇄 발행

지은이 • 이영미 · 박성일
펴낸이 • 김진환
펴낸곳 • (주)학지사
　　　　04031 서울특별시 마포구 양화로 15길 20 마인드월드빌딩
대표전화 • 02)330-5114　　　팩스 • 02)324-2345
등록번호 • 제313-2006-000265호

홈페이지 • http://www.hakjisa.co.kr
페이스북 • https://www.facebook.com/hakjisabook

ISBN 978-89-997-2303-2 93370

정가 15,000원

저자와의 협약으로 인지는 생략합니다.
파본은 구입처에서 교환해 드립니다.

이 책을 무단으로 전재하거나 복제할 경우 저작권법에 따라 처벌을 받게 됩니다.

출판 · 교육 · 미디어기업 **학지사**

간호보건의학출판 **학지사메디컬** www.hakjisamd.co.kr
심리검사연구소 **인싸이트** www.inpsyt.co.kr
학술논문서비스 **뉴논문** www.newnonmun.com
원격교육연수원 **카운피아** www.counpia.com